Karl Ploberger

Der Garten für intelligente Faule

Das etwas andere Gartenbuch

Verlag Eugen Ulmer
Österreichischer Agrarverlag

Inhaltsverzeichnis

Vorwort 9
Einleitung 10

Die Grundlagen 13

Ein gutes Fundament 14
Die eigene Wetterküche 17
Gestaltung mit Grips 18
So entsteht der Garten für intelligente Faule 19
Die ersten Entscheidungen 21
Der Weg ist das Ziel 22
Wasser ist nicht nur zum Waschen da 23
Und noch etwas zur Gestaltung 26

Rasenmäher und Co. 27
Das Startpaket für intelligente Gärtner 27
Ein Wort zur Pflege 27

Die Hauptdarsteller im grünen Reich 28
Die richtige Pflanze am richtigen Standort 31

So kann man „faul“ werden 33

Kompost – Erfolg garantiert 34
So wird der Komposthaufen aufgebaut 35
Zutaten für guten Kompost 36
Eine faule Sache 37
Wofür wird Komposterde verwendet 37

Die Bodenbedeckung 38
Damit wird gemulcht 39
Achtung bei Schnecken und Wühlmäusen 40

Umgraben – nein danke! 41
Und immer schön locker bleiben 41

Das Ende der Monokultur 42
So wirkt die Mischkultur 43

Inhaltsverzeichnis

Ideen für einen intelligenten Ziergarten 45

Grundlagen 46
- *Bäume und Sträucher – die dritte Dimension* 46
- *Gehölze für die Wild- und Blütensträucherhecke* 48
- *Die schönsten Gehölze für Hecken* 50
- *Das schönste Blumenbeet für alle Faulen* 52
- *Staudenbeete: bunt und bequem* 57
- *Zwiebelgewächse und Sommerblumen* 61
- *Duftende Rosenbeete – da macht die Nase Augen* 63
- *Wasser im Garten* 68
- *So wird der Teich angelegt* 68
- *Der Bach im Garten* 72
- *Der Regenwasserspeicher* 74
- *Winterfeste Kübelpflanzen* 75

Ideen für einen intelligenten Gemüsegarten 77

Ein Gemüsegarten nach Plan 78
- *Knackfrisches Obst und Gemüse* 78
- *Bunte Vielfalt und reiche Ernte* 82
- *Futter für die Pflanzen* 83
- *So bleiben Tomaten gesund* 83
- *Auf das Elternhaus kommt es an* 84
- *Hügelbeet und Hochbeet: Superernten garantiert* 85
- *Pflanz- u. Erntetabelle für die besten Gemüsesorten* 88
- *Saftiges Obst, frisch vom Baum* 90
- *Köstliche Beeren in allen Sorten* 92
- *Die Apotheke des Gärtners: Kräuter* 95
- *Die wichtigsten Kräuter und ihre Vorlieben* 98

Inhaltsverzeichnis

Ideen für den intelligenten „Kinder“garten 101

Der intelligente „Kinder“garten ... 102
Eine Sandkiste der anderen Art ... 103
Einladung zum Plantschen und Spritzen ... 103
Häuptling „Kleiner Gartenzwerg“ ... 104
Das Zeitalter der Entdecker ... 105
Kinder wollen hoch hinaus ... 107

Ideen für einen intelligenten Balkongarten 109

Der passende Topf ... 110
Praktisch und leicht: Kunststofftöpfe ... 110
Für Bastler und Naturfans: Holzgefäße ... 111
Beton- und Eternitgefäße ... 111
Erde gut, alles gut ... 112

Balkonpflegekalender ... 114

Lassen Sie gießen 117

Gemüse in luftiger Höhe – das ist intelligent ... 117

Schlanke Bäume im Topf ... 118

Bäume und Sträucher machen Balkone auch im Winter grün ... 119

Inhaltsverzeichnis

Grüne Dächer, grüne Wände 121

Kletterpflanzen zur Hausbegrünung 122
Mehrjährige 122
Einjährige 125

Das grüne Dach 126
So wird ein „grünes Dach“ aufgebaut 128
Die Pflanzen für grüne Dächer 130

Helfer in Notsituationen 133

Schädlinge und Krankheiten – was tun? 134

Große Sorgen für bequeme Gärtner 135
Invasion der Schnecken 135
Blattläuse – kein Problem 136
Wie Wühlmäuse verschwinden 137
Und noch ein Plagegeist: Maulwurfsgrille oder Werre ... 138
Ein echter Lästling: Ameisen 139
Ungebetene Gäste: Drahtwürmer 139
Zum Glück eine Vorliebe für Gelb: Weiße Fliege 139

Die lästigsten Krankheiten 140
Mehltau – ganz einfach abwaschen 140
Rosen ohne Blätter – und das schon im August 140

Kombinationstabelle für den Gemüsegarten 141

Intelligent durchs Gartenjahr 143

Tipps und Tricks, wie man bequem durch 365 Tage kommt 144

Schnelle Information auf Mausklick 157

Stichwortverzeichnis ... 159 • Bildquellen ... 162

Legende

Tipps für besonders „Faule“

Tipps für besonders „Intelligente“

Ehrlich gesagt

Biogärtner
Karl Ploberger

Mähen, gießen, jäten? Das gehört jetzt der Vergangenheit an. Das intelligente Gärtnern für alle Faulenzer ist angesagt …

Leider stimmt das nicht ganz, doch wird im „Garten für intelligente Faule" so manches einfacher. Da gibt es zum Beispiel einen Rasen, der nur langsam wächst. Mulchen empfiehlt sich, damit man gelegentlich auf das Gießen verzichten kann und das Unkraut nicht zu wuchern beginnt …

Das ist doch schon etwas!

Noch dazu wird mit Faulenzen die Umwelt geschützt, Intelligente gärtnern nämlich weitgehend ohne Gift und Chemie, und viele der Ideen schaffen zudem Lebensraum für selten gewordene Tiere und Pflanzen.

Selbst am Balkon kann „intelligent" gegärtnert werden: Es gibt Blumen, die nicht ständig ausgeputzt werden müssen oder Balkonkistchen mit Wasserspeicher – so muss nicht jeden Tag gegossen werden.

„Intelligente Ideen" für „faule Gärtner" soll Ihnen dieses Buch präsentieren. Fast alles wurde von mir getestet, denn ich bin zwar ein Garten- und Blumenfan, doch ehrlich gesagt auch ein „fauler" Gärtner: Ich lege mich gerne in den Liegestuhl und lasse den Garten sein, lese ein Buch, baumle mit der Seele und plaudere mit netten Freunden. Unkraut wird zwar bei mir auch gejätet – das mache ich sogar ganz gern – aber im „intelligenten Garten" gibt das gar nicht so viel Arbeit. Sie werden sehen, schon bald haben Sie mehr Zeit und der Garten bleibt trotzdem ordentlich.

Und noch etwas:
Vermeiden Sie doch, von Garten„arbeit" zu sprechen. Gehen Sie einfach „garteln".

E-Mail: *ploberger@biogaertner.at*
Homepage: *www.biogaertner.at*

Aller Anfang …

… muss nicht schwer sein. Aber Gärten entstehen nicht von heute auf morgen. Bis sich ein Garten zu dem entwickelt, was sein Besitzer sich vorstellt, dauert es einige Zeit. Geduld ist also eine Tugend, die auch ein fauler Gärtner mitbringen muss. Aber gut angelegte Gärten beweisen bald, dass vieles leichter ist, als man denkt. Gibt Ihr Garten noch viel Arbeit, dann gehen Sie doch den Problemen auf den Grund: Ist es das Rasenmähen, das Jäten, das Gießen oder das Abschneiden und Aufbinden von Stauden? Eigentlich gibt es für alle Sorgen eine Lösung, doch versuchen Sie einmal, mit mir zu träumen: Den Garten ohne (viel) Arbeit, den gibt es! Ich stelle mir vor, dass das Paradies ein solcher Garten war. Wenn wir mit der Natur und nicht gegen die Natur gärtnern, wird manches leichter. Die richtige Pflanze am richtigen Platz ist beispielsweise eine der Grundlagen, die es zu beachten gilt. Auch wenn der Garten schon in die Jahre gekommen ist und nicht neu angelegt wird, können viele Tipps Arbeit ersparen.

„Gärtnern ist das größte Vergnügen des Menschen, es ist die schönste Erfrischung des menschlichen Geistes“. So schrieb der englische Philosoph Francis Bacon im Jahr 1625 – ein Jahr vor seinem Tod. Ist Gärtnern also etwas für die Älteren? Nein. Immer mehr junge Familien

Üppiges Grün in einem Garten für intelligente Faule – der idyllische Sitzplatz gehört dazu.

Je bunter der Garten bepflanzt wird, desto mehr erobert ihn die Natur und erspart damit Arbeit.

entdecken den Garten als *die* Freizeitbeschäftigung für Groß und Klein. Bei keinem Hobby können Kinder besser mitmachen, als beim Gärtnern. Denn für eine Kinderspielecke ist in jedem Garten Platz, und Mama und Papa können inzwischen dem „grünen Daumen“ frönen.
Ein Garten ist eine Oase der Natur und des Menschen! Daher sollte bei der Planung von Gärten immer auch an die Tiere gedacht werden, die uns später einmal die Arbeit im Garten erleichtern werden.

- Kröten, die Schnecken fressen, aber unbedingt ein Biotop zum Leben brauchen.
- Kleinreptilien, die ebenfalls eifrig Schädlinge vertilgen, aber sich nur dort zeigen, wo ein Steinhaufen, eine Trockenmauer oder Ähnliches zu finden ist.
- Laufkäfer und Ohrwürmer, die nur dann auf Blattlausjagd gehen können, wenn sie irgendwo einen Unterschlupf, zum Beispiel ein Ohrwurmhäuschen finden.
- Ein Totholzhaufen wäre ein solches Luxusquartier, das billig zu errichten ist.

Naturgärten sind nicht mit Wildnis gleichzusetzen. Im Gegenteil: Eine Blumenwiese mit ihren tausenden Blüten löst die Bewunderung aller aus, die an einem solchen Garten vorübergehen. Oder eine Wildsträucherhecke! Statt monotonen Thujengrüns ist die bunte Vielfalt der heimischen Gehölze angesagt. Mit großem Zusatznutzen: Hunderte Nützlinge fühlen sich in einer ungezwungen wachsenden Hecke wohl und gehen im übrigen Garten auf Jagd nach Schädlingen.

Unsere heimischen Singvögel sind Stammgäste bei Sanddorn, Schlehe, Vogelbeere oder Felsenbirne. Und sozusagen als Dankeschön werden Obstbäume und Rosen von Blattläusen gesäubert.

Es existiert also, das Paradies für Mensch, Tier und Pflanze – eben der „Garten für intelligente Faule“.

Steinritzen leben: Hauswurz (Sempervivum) benötigt kaum Erde.

Vom Frühling an dominiert die Vielfalt: Narzissen sind besonders robust.

Nicht nur Pflanzen finden in Trockenmauern Lebensraum, sondern auch viele Tiere.

Die Grundlagen

Ein gutes Fundament

Vorbeugen ist besser als Heilen: Wer beim Anlegen Unkraut bekämpft, hat es später leichter.

Großzügige Gestaltung ermöglicht später leichtes Pflegen – beispielsweise sollte die Rasenmäherbreite ein Maß für Baum- und Strauchpflanzungen sein.

Geduld ist eine Tugend: Gönnen Sie dem neuen Stück Land eine mehrmonatige Erholungsphase und säen Sie Gründüngungspflanzen aus.

Will man Gärten selbst anlegen, sollte man die Boden- und Geländeverhältnisse weitgehend hinnehmen.

Für jeden Standort gibt es die passende Pflanze – also keine Panik!

Baumaterial für Wege und Plätze lässt sich aus Steinen, die im Gelände zu finden sind, gewinnen – das ist preiswert.

Wie ein Haus benötigt auch ein Garten ein Fundament: Wege, Mauern, Sitzplätze, Rasenflächen, Blumenbeete. Aber lassen Sie nicht gleich Beton kommen – den mögen wir „intelligenten" Gärtner nicht (überall). Das Anlegen eines grünen Paradieses ist leichter, als man denkt, denn ein Grundsatz für das „intelligente Gärtnern" lautet: „Alles, was im Garten vorhanden ist, wird verwendet", und die Geländeverhältnisse werden weitgehend hingenommen. Das macht Gärten interessant.

Ein bekannter Chefredakteur einer Biogartenzeitschrift lebt dieses Motto und hat in seinem „steinreichen" Garten kurzerhand die Wege mit jenen Kieselsteinen gepflastert, die er in Unmengen im Boden vorgefunden hat. Eine tolle Idee, die in südlichen Gärten immer wieder anzutreffen ist, und die mit ein wenig Geschick ganz hervorragende Ergebnisse bringt.

Aber auch die lehmige Erde, der eine oder andere größere Wurzelstock, der im Garten vorhanden ist, oder ein Stück feuchte Wiese, werden nicht beseitigt.

Wer steinreich ist, soll sich eine Indianerweisheit merken: „Steine bis zur Größe einer Männerfaust sind Dünger". Dennoch wird an manchen Stellen diese steinige Landschaft beseitigt werden müssen – dort, wo später einmal Rasen oder Blumenwiese angelegt wird, wo die Sommerblumen und Stauden wachsen oder die Rosen ihren Duft verströmen, haben allzu große Steine nichts verloren. Im Bereich einer

Aus Abfall wird Dekoration: Alte Ziegel – vor allem die doppelt gebrannten Klinker – sind ideales Pflastermaterial.

Wildsträucherhecke jedoch, eines Trockenbeets oder natürlich rund um den Teich stören die Steine nicht.

Bei genauer Beobachtung lassen sich die unterschiedlichen Bodenverhältnisse auf einem Grundstück leicht feststellen. Damit ist die erste Entscheidungshilfe, wo im Garten welche Pflanzen gesetzt werden, schon vorgegeben. Dennoch benötigt Ihre Erde eine „Starthilfe". Lehmige Böden werden rasch hart wie Beton und sandige Böden trocknen so schnell aus, dass kaum Wachstum möglich ist. Das Zaubermittel für beide dieser Problemböden heißt: Humus. Dieser Wunderstoff entsteht ganz von alleine, allerdings im Schneckentempo: Nur rund ein Zentimeter wird in 100 Jahren gebildet, wenn man der Natur freien Lauf lässt. Daher muss der Gärtner hier nachhelfen, indem er den Boden lockert und mit Kompost versorgt. Hier sollten Sie „intelligent" sein. Ideal wäre es, eine Fachfirma diese Schwerarbeit durchführen zu lassen. Mit entsprechenden Geräten ist diese sonst schweißtreibende Arbeit im Blitztempo erledigt: Boden tiefgründig lockern, oberflächlich fräsen, und schon kann gepflanzt werden.

Bleibt für die Gestaltung des Gartens ein wenig Zeit, so lohnt sich die großflächige Aussaat einer Gründüngung. Eine Mischung aus Sonnenblumen, Bienenfreund (Phacelia), Gelbsenf und – bei sehr verdichtetem Boden – Ölrettich.

Bis zum Winter bleibt dieses erste Blumenfeld stehen, friert ab, und die verbliebenen Reste werden erst im Frühjahr eingearbeitet.

Bunte Vielfalt ist das Geheimnis in einem Garten mit wenig Mühe.

Das wichtigste im Garten ist die gute Erde: Kompost hilft, den Boden zu verbessern.

Ob die ersten zarten Salatpflänzchen im Gemüsegarten …

… oder Tränendes Herz im Blumenbeet. Kompost schafft gesundes Wachstum.

Wer die Möglichkeit hat, zu reifem Kompost zu kommen, sollte damit die geplanten Beete und Pflanzlöcher von Bäumen und Sträuchern aufbessern. Aber aufgepasst! So mancher städtische Kompost, der bereitwillig verschenkt wird, enthält viele Substanzen, die wir in unserem Gartenparadies nicht haben wollen. Verlangen Sie am besten die behördlich vorgeschriebenen Bodenuntersuchungsdokumente.

Als erste Humusgabe hat sich auch gut verrotteter Rindermist bewährt. Er wird in späteren Jahren zwar immer erst am Komposthaufen verderden, aber in der Startphase eines Gartens sind Kompromisse nötig. Der Mist wird im Herbst nur oberflächlich als so genannter Mistschleier auf dem bereits umgegrabenen (eventuell gepflügten) Boden verteilt und keinesfalls untergestochen. Fäulnis wäre die Folge. So aber können die Mikroorganismen ihre Arbeit in sauerstoffreicher Umgebung beginnen und aus den Hinterlassenschaften der Haustiere beste Erde produzieren.

Je sorgfältiger die Bodenvorbereitung, desto weniger Arbeit wird es später geben. Unkräuter – vor allem die Wurzelunkräuter – gehören nun penibel genau entfernt: Quecke (Weißwurz), Winde (Ackerwinde), Giersch (Erdholler) oder Sauerampfer gehören zu den Gästen im Garten, die ihn nie mehr verlassen. Beim Neuanlegen eines Gartens hat man aber die Chance, sie in den Griff zu bekommen. Wer nicht absolut biologisch gärtnern will und ein wenig Chemie duldet, dem sei das Unkrautvernichtungsmittel „Round up“ empfohlen. Das Mittel wird auf die grünen Blätter der Unkräuter gesprüht und vernichtet sie innerhalb von wenigen Tage bis zur Wurzel. Im Boden bleiben, so versichern die Hersteller und Untersuchungsprotokolle, keine schädlichen Rückstände. Aufpassen heißt es bei der Anwendung: Der Sprühnebel darf nicht die Blätter von Zierpflanzen erwischen, sonst werden auch diese vernichtet.

Ist der Garten einmal bepflanzt, so beginnt die Feinarbeit im Aufbau einer dicken und nährstoffreichen Humusschicht: Das oft zitierte Mulchen ist hier die Lösung.

Tipp

Im Bereich von tief wurzelnden Bäumen und Sträuchern werden Rindenmulch oder Holzhäcksel in einer Schicht von mindestens zehn Zentimetern aufgebracht, im Bereich von Stauden, Sommerblumen oder auch im Gemüsegarten wird es grober Kompost oder Rindenhumus sein. Dieser Humus entsteht aus Nadelholzrinde, die heiß kompostiert wurde. Ungekalkt kann er auch an Stelle von Torfprodukten zur Bodenverbesserung verwendet werden.

Die eigene Wetterküche

Intelligente Gärtner beobachten genau. Zum Beispiel das Kleinklima in einem Garten. Jedem ist der Unterschied zwischen Nord- und Südseite eines Hauses klar, doch auch kleine Erdwälle, Steinmauern und Hecken beeinflussen das Gartenklima.

Beim Kleinklima denken wir freilich nicht nur an die Pflanzen, sondern auch an die Menschen. Sitzplätze lassen sich durch Abgrenzungen heimeliger gestalten. Auch hier muss nicht immer kräftig in die Geldtasche gegriffen werden, alte Ziegel als Windschutz und Wärmespeicher, die die Sonnenstrahlen des Tages einfangen und am Abend langsam abgeben, sind nur eine der vielen Ideen für solche Wärmefallen. Vor einiger Zeit sorgten sogenannte Kraterbeete für Schlagzeilen. Sie sind nichts anderes, als ein Beet mit einem ganz besonderen Kleinklima. Die Ränder des runden Beetes, das einen beliebig großen Durchmesser haben kann, sind an der Nordseite stark, an der Ost- und Westseite etwas weniger stark und an der Südseite kaum nach oben gezogen. Das Aushubmaterial des Kraters wird für die Anlage der erhöhten Seitenwände eines solchen Beetes verwendet. Zur Unterstützung des Kleinklimas können an der Außenseite der Kraterwände noch besonders rasch und hoch wachsende Pflanzen gesetzt werden: Sonnenblumen sind dafür beispielsweise sehr gut geeignet, es können aber ebenso Gehölze gepflanzt werden.

Allen Liebhabern von Schmetterlingen – und wer ist das nicht – seien dafür die verschiedenen Sorten von Sommerflieder empfohlen, die alljährlich stark zurückgeschnitten werden können und dann im Sommer die bunten Flatterfreunde zu hunderten anlocken.

Zum Kleinklima gehört natürlich auch die schon zu Beginn des Buches erwähnte Wildsträucherhecke. Sie bricht den Wind und sorgt dafür, dass der Boden nicht zu rasch austrocknet. Also das Richtige für uns „Faulenzer“, die wir ja nicht gießen wollen …

Tipp

Der Spätwinter ist der ideale Zeitpunkt, die wärmsten Punkte im Garten zu finden. Dort, wo als erstes der Schnee schmilzt, erwärmt sich der Boden am schnellsten und die Temperatur wird das ganze Jahr über immer ein wenig höher sein, als in anderen Gartenbereichen. Daher wird hier auch so manche Pflanze wachsen, die besonders mildes Klima benötigt.

Gestaltung mit Grips

Sind „intelligente" Gärten anders gestaltet als herkömmliche Gärten? Ja, denn der Garten kann, wenn er richtig angelegt ist, viel Arbeit sparen. Ob Hecke, Rasen oder Blumenbeet – bei exakter Planung und Pflanzenauswahl kann von Anfang an viel Aufwand vermieden werden. Grundvoraussetzung ist allerdings, dass Sie sich Zeit, Papier und Bleistift und Fachliteratur zur Hand nehmen und mit wenigen Strichen den künftigen Garten für den „intelligenten Faulen" skizzieren. Die wichtigste Überlegung bei der Gestaltung sollte lauten: Wieviel Zeit zur Pflege will ich für meinen Garten aufwenden?

So entsteht der Garten für intelligente Faule

10 goldene Regeln für die Gartengestaltung

① Planung

Beginnen Sie rechtzeitig mit der Wunschsammlung.

② Arbeitskraft

Überschätzen Sie nicht Ihre Arbeitskraft und die Zeit, die Sie „garteln“ wollen.

③ Natur

Wählen Sie die Natur als Vorbild: Teiche immer an der tiefsten Stelle, Bäume, Sträucher und Stauden in der Höhe abstimmen.

④ Gartenräume

Schaffen Sie durch Sträucher, Mauern „grüne“ Räume – das macht kleine Gärten größer und große Gärten überschaubarer.

⑤ Sitzplätze

Legen Sie mehrere Sitzplätze an. Einen in der Sonne (für kühlere Tage) und einen im Schatten (für die Hundstage). Oder: einen an der Ostseite des Hauses, wo gefrühstückt wird und einen an der Westseite für die Abendstunden.

⑥ Wege

Wege sollten nicht bloß „verbinden“, sondern auch zum Entdecken einladen.

⑦ Baustoffe

Beschränken Sie sich auf wenige Baustoffe. Steine, Ziegel aber auch Holz dürfen nicht dominieren, sondern sollten die Wirkung der Pflanzen hervorheben.

⑧ Hausbaum

Ein Hausbaum gibt einem Wohnhaus Geborgenheit und Schutz – seit alters. Beachten Sie aber auch die Wuchshöhen.

⑨ „Kinder“garten

Vergessen Sie nicht auf Ihre Kinder – geben Sie ihnen Flächen zum Austoben und Entdecken.

⑩ Genussgarten

Planen Sie Obst- und Beerengehölze ein. Die machen kaum Arbeit, bieten aber viel Genuss.

Exotik auf Terrasse oder Balkon muss nicht gleich mehr Arbeit bedeuten. Palmen sind besonders genügsam.

Die Gestaltung eines Gartens sollte idealerweise mit der Planung des Hauses beginnen. Oder noch besser: Bevor die ersten Entscheidungen über die Form des Wohnhauses gefallen sind, sollten die Hauptzüge des Außenbereiches fixiert werden: Wo liegt der Teich? Wo ein Bachlauf? Wohin kommen die Blumenbeete? Benötigen Sie einen Sichtschutz zu einer Straße oder zum Nachbargrundstück? An welchen Stellen sind die Sitzplätze am schönsten? Gibt es Sonnen- und Schattenstellen? Wird ein Gemüsegarten angelegt? Ist noch Platz für eine Obstwiese? Wo können die Kinder spielen? Bleibt Platz für eine Blumenwiese?

Für viele Gartenneulinge sind solche Fragen oft schwer zu beantworten, und so manches wird gar nicht bedacht. Wer unerfahren in der Pflege eines Gartens ist, sollte hier unbedingt den Rat von Fachleuten einholen: Landschaftsgärtner und Gartenarchitekten sind sicherlich günstiger, als so manche nachträgliche Behebung eines Fehlers, die teuer werden kann. Und manches lässt sich später überhaupt nicht

Tipp

Gehen Sie von einem geringen Zeitbudget aus, das für Ihren Garten zur Verfügung steht, denn das Interesse sollte von selbst wachsen.

Überfordert Sie Ihr Garten schon von Beginn an, werden Sie keine Liebe zu ihm entwickeln.

Orangenbäumchen werden nicht zur Grundausstattung von Gärten gehören, aber: Hier beginnt der Traum vom Süden.

mehr ausgleichen. Nicht unterschätzen sollten Sie aber auch die Ratschläge von erfahrenen Gärtnern und Hausbesitzern. Verlassen Sie sich einerseits auf die „Bequemen", die den Garten eher als Belastung sehen, doch ziehen Sie auch die Ratschläge von echten „Freaks" heran, denn langjährige Erfahrung zeigt: So mancher Nichtgärtner wird plötzlich zum Vollblutprofi, wenn er das „Garteln" erst entdeckt hat.

Ein Wildstrauch mit zarter Zierde und viel Nutzen: Die Kornelkirsche blüht im zeitigen Frühjahr und schmückt sich im Herbst mit roten Früchten, die von Vögeln geliebt werden.

Die ersten Entscheidungen

Jeder Garten benötigt eine Umzäunung. Bei kleineren Gärten wird das ein Zaun mit einer geschnittenen Hecke sein. Das bedeutet jedoch zumindest ein bis zweimal pro Jahr sehr viel Aufwand für den Formschnitt.

Bei größeren Gärten sollte man dagegen als Begrenzung eine Wild- und Blütensträucherhecke wählen. Sie benötigt eine Breite von rund zwei bis vier Metern und wird je nach Pflanzenauswahl im Laufe der Jahre bis zu drei, vier Meter hoch.

Der Vorteil für den „intelligenten Gärtner": Der Schnitt reduziert sich auf ein Minimum. Lediglich einige wenige Äste werden pro Jahr abgeschnitten, um beispielweise angrenzende Wege oder Beete freizuhalten.

Zäune sollen Gärten nicht zum „grünen Gefängnis" machen: „Nicht der Zaun prägt einen Garten, sondern die Blumen, die darinnen blühen".

Erlaubt ist, was gefällt: In den Pflasterritzen grünt und blüht es.

Da macht das Spazierengehen Spaß: Ein Kunstwerk, das mehr ist, als bloß ein Stück Weg.

Ansonsten dürfen die Gehölze wachsen und werden nach spätestens zehn Jahren „auf den Stock gesetzt". Das heißt: Geeignete Sträucher werden im Spätwinter bis knapp über dem Boden abgeschnitten. Sie treiben dann kräftig durch und bilden schon nach einem Jahr wieder eine rund zwei Meter hohe Begrenzung.

Sollten es die Umstände erfordern, kann natürlich aus Sicht- oder Lärmschutzgründen die Wildsträucherhecke nur um einen Teil zurückgeschnitten werden.

Der Weg ist das Ziel

Es gibt Gärten, die nur noch aus Hecke, Rasen und einigen mächtig betonierten Wegen und Terrassen bestehen, die mehrmals jährlich dampfgestrahlt werden. Natürlich will auch der intelligente Gärtner sein Stück Grün nicht ungepflegt erscheinen lassen. Doch die Natur sollte auch bei der Gestaltung der befestigten Flächen einbezogen werden. Sand oder Kies statt Beton lautet die Devise: Der Wegbelag, möglichst Naturstein, wird in einem Sandbett verlegt. So leisten Sie einen zwar kleinen, aber doch nicht unbedeutenden Beitrag, die Versiegelung der Landschaft zu verhindern. Ein scheinbar geringfügiger Schritt, doch wenn man bedenkt, wie viele hunderttausende Quadratmeter an Gartenwegen zusammenkommen!

Granit, Klinker und Betonplatten: Es kommt nur auf die Idee an.

Keine Angst vorm Unkraut: Wenn es einmal zu stark wuchert, mit einem Flämmgerät entfernen. Das geht einfach und ist umweltfreundlich.

Ärger mit dem „Un"kraut kann es bei Ihnen als „intelligentem" Gärtner nicht geben: Es gibt zahlreiche Pflanzen, die sich in schmalen Pflasterritzen wohl fühlen: Felsennelke, Sternmoos, im Randbereich vielleicht sogar Vexiernelken oder

als Blickfang eine Königskerze. Sie werden es nach einiger Zeit beobachten: Das Leben auf, neben und selbst unter dem Weg ist vielfältig. Das Pflaster hält die Verdunstung gering, wodurch selbst direkt angrenzende Blumenbeete bei längerer Trockenheit profitieren, da eben die Pflanzenwurzeln dorthin wachsen, wo der Boden feucht ist. Wären die Wege betoniert, würden die direkt angrenzenden Gewächse schon nach einigen Tagen der Hitze ihre Blätter hängen lassen.

Wasser ist nicht nur zum Waschen da

Kein Garten ohne Biotop, lautet die Devise! Alljährlich pilgern Horden von Gartenbesitzern im Frühjahr in die Gärtnereien und Gartencenter und kaufen Teichfolien, Plastikfelsen und Goldfische. Damit schaffen sie sich ihren Traum-Miniwassergarten. Natürlich wird dann auch nicht auf die japanisch angehauchte Bogenbrücke, den Wasser speienden Frosch, einen angelnden Gartenzwerg und die aus Kunststein gegossene Meerjungfrau vergessen. Und selbstverständlich kommt (für Papa ...) die umfassende Technik dazu: Filteranlagen, UV-Entkeimer, Kescher, Pumpen und so weiter ...

Wasserflächen benötigen wenig Pflege – vergessen Sie alle Algenmittel und haben Sie Geduld!

• • •

Einmal angelegt, bleibt der Teich über Jahre so, wie er ist.

• • •

Verzichten Sie auf zu viele Steine, sie sind schwer zu transportieren. Setzen Sie die Pflanzen bis knapp an den Wasserrand (Sumpfgewächse), das erleichtert das Anlegen und ist naturnah.

Teiche schaffen Ruhe.

• • •

Wasser lockt Tiere an, Libellen zum Beispiel – Beschaulichkeit für gestresste ManagerInnen.

• • •

Durch Teiche entsteht ein angenehmes Kleinklima.

Wasser im Garten schafft Plätze zum Mit-der-Seele-Baumeln. Ob Teich oder Springbrunnen (rechts) – es sind Oasen der Ruhe.

Der alljährliche Besuch auf der Gartenfachmesse in Köln zeigt: Ganze Branchen können vom Gartenteichboom leben. Ob mit Kitsch oder ohne – auch wir „intelligenten Faulen" machen mit. Wenn auch nicht in allen Bereichen.

Angelegt wird der Teich an der tiefsten Stelle – dort, wo auch in freier Natur das Wasser zusammenfließen würde (Details siehe „Wasser im Garten"). Als Dichtungsmaterial wird Folie verwendet. Rundherum kommt allerdings keine Gesteinswüste, sondern bei flachen Ufern darf die Natur bis ans Wasser heran.

Teiche sind zwar Plätze zum Mit-der-Seele-Baumeln, aber ganz eigennützig sind wir nicht: Frosch, Kröte, Ringelnatter und viele andere Tiere suchen (ohne Zukauf!) nach kurzer Zeit diese Wasserstelle auf und möchten sie auch irgendwann wieder verlassen. Daher die flachen, naturnahen Ufer. Und wer schon auf einen Springbrunnen nicht verzichten kann, der sollte lieber niedrige als zu hohe Fontänen wählen, keinesfalls jedoch in der Nähe von Seerosen, denn heftig bewegtes Wasser bekommt diesen Pflanzen nicht.

Kleine Springbrunnen beleben nicht nur das Wasser, sondern sorgen auch durch ihr Glucksen für ein angenehmes und beruhigendes Geräusch.

Ohne großen Aufwand lässt sich ein Springbrunnen mit Solarzellen installieren – so muss keine Stromleitung verlegt werden. Das ist energiesparend.

Und noch etwas zur Gestaltung

Schaffen Sie in Ihrem Garten Räume: Große Gärten werden dadurch kleiner, kleine Gärten wirken dagegen größer. Räume zu schaffen heißt, große Flächen zu unterteilen: Durch Sträucher, Hecken, Mauern oder Blumenbeete. Ein Garten sollte niemals von einer Stelle aus überblickt werden können. Räume machen Gärten romantisch und interessant, laden Besucher und Besitzer zum Umherspazieren und Entdecken ein. Vergessen Sie aber nicht, Blickachsen zu schaffen. Wenn das Rundherum beim Garten nicht stimmt, weil beispielsweise Straßen oder Nachbarhäuser sehr nahe vorbeiführen, dann muss man im Garten Blickpunkte und Blickachsen schaffen: durch Wege, Brunnen oder Statuen.

Selbst in kleineren Gärten sollte ein traditionelles Gestaltungselement nicht fehlen: der Hausbaum. Bei großen Besitzungen kann dies eine Linde oder Eiche sein, aber selbst im kleinen Reihenhausgarten ist Platz für einen Baum: Schlank wachsende Gehölze, oder solche, die immer wieder in Form gebracht werden können, sollten Sie dafür wählen. Als blühende Variante könnten beispielsweise Felsenbirne, Zierkirsche oder Magnolie zum Hausbaum werden.

Eine an sich unbedeutende Steinsäule wird zum Blickpunkt – das ist Gartenkunst in Perfektion.

Rasenmäher & Co.

In der Startphase genügen einige wenige Geräte, in späterer Zeit wird mit zunehmender Erfahrung noch das eine oder andere Werkzeug hinzukommen.

Das Startpaket für intelligente Gärtner

Rechen, Spaten, Grabgabel (am besten Edelstahl), Fächerbesen, Schubkarren, Kleinwerkzeug (Schaufel, Grubber, Unkrautstecher), Harke oder Sauzahn zum Bodenlockern.

Richtiges Werkzeug schafft Zeit zum Ausrasten.

Schlauch (bei großen Flächen gleich 3/4-Zoll) mit Brausen und Düsen-Set, Gießkannen, Pflanzensprüher, Baumschere, Heckenschere, Bogensäge, Rasenmäher, Rasenkantenschneider und eventuell eine Sense.

Wer Regenwasser in großen Behältern sammelt, sollte sich gleich zu Beginn eine tragbare Pumpe zulegen oder eine fixe Wasserinstallation für das Gießen errichten.

Ein Wort zur Pflege

Kaum ein gutes Gartenbuch – ob aus Großvaters Zeiten oder auch aus jüngster Zeit – kommt ohne den warnenden Hinweis aus: „Im Herbst muss jedes Gartengerät gereinigt und mit Öl eingelassen werden".

Aus eigener Erfahrung kann ich nur sagen: In meinen 25 Jahren Hobby-Gärtnerei habe ich diese Hinweise nie befolgt und trotzdem blieb die Ausfallquote bei den Geräten im üblichen Rahmen. Also seien Sie hier richtig faul. Einzig bei den Motorgeräten sollten Sie unbedingt die Wartungshinweise beachten.

Einölen von Geräten können Sie vergessen.

• • •

Rasenmäher halten viel mehr aus, als man denkt: Ständiges Reinigen mit dem Schlauch ist für die Geräte sogar schlecht.

• • •

Testen Sie Werkzeuge: Sie werden bald ein Lieblingswerkzeug finden, das für viele Zwecke verwendet wird.

Wählen Sie keine Billigprodukte.

• • •

Achten Sie auf Qualität in der Verarbeitung.

• • •

Informieren Sie sich im Fachhandel.

Ohne Ölwechsel oder eine neue Zündkerze kann einen der Rasenmäher im nächsten Frühjahr ordentlich auf die Palme bringen, wenn er nicht anspringen will. Aber vielleicht waren Sie auch zu eifrig und haben den Mäher nach jedem Einsatz mit Dampfsprüher gereinigt – der Tod für jedes Kugellager und völlig unnötig.

Die Hauptdarsteller im grünen Reich

Das Wesentliche für das Gelingen eines naturnahen Gartens: die richtige Pflanze am richtigen Standort. Gibt es Probleme, so ist nicht der Boden ungeeignet, sondern die Pflanze, die man für diesen Standort ausgewählt hat. Bei der Besichtigung eines Gartens erzählte mir eine besonders ordnungsliebende Gartenbesitzerin von einer Rasenstelle, wo sich immer viel Regenwasser sammelte: „Hier kommt demnächst eine Dränage hinein", meinte sie wohl deshalb, weil ich besonders interessiert das Pflanzenwachstum an dieser Stelle beobachtete. Und tatsächlich ist ohne Zutun der Gärtnerin das passiert, was die Natur uns überall zeigt: Zwischen den Gräsern waren junge Pflänzchen der heimischen Sumpfiris und des Blutweiderichs zu sehen. Zwei Bewohner des Gartens, die an anderer Stelle bewusst gepflanzt

Staudenbeete sind eine Attraktion rund ums Gartenjahr – perfekt geplant machen sie auch wenig Mühe, denn Verblühendes wird vom üppigen Wachstum überdeckt.

wurden, waren hier als Samen aufgegangen, weil sie sich besonders wohl fühlten. Und so kam es: Die Sumpfstelle durfte bleiben und ein paar Jahre später entstand ohne Eingriff der Gärtnerin ein kleines Sumpfbeet. Bei mir dürfen die Pflanzen (weitgehend) dort wachsen, wo sie wollen. Wahrscheinlich mit ein Grund, dass der Garten harmonisch wirkt und alle Gewächse vor Gesundheit strotzen.

Aber ganz so einfach ist es wieder auch nicht: Bäume, Sträucher, Stauden, Sommer- und Zwiebelblumen gibt es in enormer Auswahl und ungezählte Arten und Sorten lassen den Laien rasch den Überblick verlieren.

Im „intelligenten Garten" gibt es drei Hauptkriterien für die Auswahl von Pflanzen.

Das erste:
Gefällt mir die Pflanze?

Das zweite:
Wird die Pflanze für meinen Garten nicht zu groß? (Vor allem bei Gehölzen wichtig!)

Das dritte:
Hat die Pflanze auch ökologischen Nutzwert?

Im naturnahen Garten muss die Exotik nicht fehlen: Rhododendren gehören zu den schönsten Blütengehölzen.

Die richtige Pflanze am richtigen Standort: Rhododendren sind Moorbeetpflanzen und benötigen sauren Boden.

In vielen Fällen treffen alle Kriterien zu. Bei der Wildsträucherhecke mit den vielen Gehölzen zum Beispiel, die wunderschön blühen und gleichzeitig zahlreichen Tieren Nahrung und Quartier geben. Andererseits ist und bleibt ein Garten eine Kulturfläche. Und so sind selbst im Garten des Biogärtners große Rhododendren zu finden, die ein überzeugter Naturgärtner als „viel zu exotisch“ verteufeln würde.

Lange Zeit galten die Diskussionen zwischen „Ökofreaks“ und traditionellen Gärtnern immer wieder dem Thema „heimisch oder nicht heimisch“. Hier werden kuriose Zahlenspiele betrieben. So zum Beispiel wird alles, was vor dem 18. Jahrhundert bereits in unseren Breiten heimisch war, als „gut“ angesehen, während Pflanzen späteren Datums abzulehnen und keinesfalls „gartenwürdig“ seien. Lassen Sie sich nicht abhalten: Wählen Sie die Pflanzen aus, die Ihnen gefallen. Bedenken Sie nur eines: „Intelligente“ Gärtner schaffen auch in den kleinsten Gärten Oasen für heimische Tiere (siehe Wildsträucherhecke). Damit wird auch der Ausgleich zu exotischen Gewächsen geschaffen, die unseren heimischen Tieren kaum Nahrung bieten.

Ein Punkt jedoch sollte immer beachtet werden:

Die richtige Pflanze am richtigen Standort

Richtige Pflanze bedeutet: klimatisch so angepasst, dass sie unsere hohen Niederschlagsmengen und kalten Winter übersteht.

Der richtige Standort ergibt sich von selbst: Die einen wollen eben ein sonniges Plätzchen (z.B. Rosen), die anderen ein schattiges (z.B. Rhododendren), die einen feuchten Boden (z.B. Teichpflanzen), die anderen trockenen (z.B. Lavendel), die einen benötigen Kalk (z.B. viele Alpenveilchen-Arten), andere wiederum sauren Boden (z.B. Hortensien).

Aber: Es gibt für jeden Standort eine geeignete Pflanze. Lesen Sie doch vorweg die Beschreibungen auf den Etiketten und lassen Sie sich beim ersten (oder auch nächsten) Einkauf nicht von den bunten Bildern verführen (so wie ich noch immer).

Zu Hause beginnt dann nämlich aufs Neue die Suche nach einem geeigneten Standort.

Tulpen, Stiefmütterchen, Vergissmeinnicht: Diese Pflanzen haben keine Standortwünsche. Nur extremen Schatten vertragen sie nicht.

Typisch für den Teichrand, wo der Boden immer feucht bleibt: die Sumpfdotterblume

So kann man „faul“ werden

Kompost – Erfolg garantiert

Augen auf und die Natur beobachten, denn alles, was uns die Arbeit erleichtert, zeigt die Natur uns vor. Der Dünger in der Natur sind Blätter und Äste, die zu Boden fallen und verrotten. Der Boden darunter bleibt gleichmäßig feucht.

Krankheiten und Schädlinge treten weniger häufig auf, wenn die Pflanzen in bunter Mischung stehen – eine Monokultur gibt es in der Natur nicht. Und, last but not least: Wer hat jemals in freier Natur schon den Boden gelockert …?

Auf den Boden einen „Deckel“, der Dünger aus dem Kompost, eine bunte Mischung an Pflanzen, damit keine Schädlinge oder Krankheiten aufkommen, und den Spaten vergessen wir. Keine „faule“ Sache, sondern die vier Säulen des naturgemäßen Gärtners.

Für die Erdfabrik ist ein halbschattiger Platz auf gewachsenem Boden ideal. Der Standort sollte nicht zu weit abgelegen sein und die Fläche nicht zu klein gewählt werden.

Eine kleine Hecke oder ein Baum sind die ideale Umgebung. Dort fühlen sich Kompostwürmer und Bakterien wohl und arbeiten rasch an der Umsetzung der Stoffe.

Keinesfalls darf der Komposthaufen in der prallen Sonne oder aber an einer Stelle aufgerichtet werden, die nicht abtrocknet.

Im Handel werden die unterschiedlichsten Arten von Kompostbehältern angeboten. Diese Kompostsilos sind vor allem in kleineren Gärten

Tipp

Das kommt auf den Kompost: Laub, Rasenschnitt, abgeschnittene Blütenstauden, Stroh, Jätgut, Pflanzenabfälle, Äste, Rasensoden, Sägespäne, Reisig, alte Erde aus Blumentöpfen und Balkonkisten, Schnittblumen, Wollreste, Federn (nur in geringen Mengen), Haare, Wolle (Schaf- oder Baumwolle), Gemüse und Obstreste (auch geringe Mengen an Orangen-, Zitronen-, Bananenschalen), Kaffee- und Teefilter.

Niemals jedoch gekochte Abfälle, wie Knochen, Nudeln oder gar Fleisch! Es würden sich unweigerlich Ratten einnisten.

Kompost entsteht ohne viel Aufwand: Die organischen Abfälle werden aufeinander geschichtet und nach wenigen Monaten entsteht dunkler, nach Walderde riechender Humus, der in dünnen Schichten zu den Pflanzen gegeben wird.

eine Platz sparende Möglichkeit zur Humuserzeugung. Wo viel Platz ist, sind Kompostbehälter aber keine unbedingte Notwendigkeit. Dort hat sich die Humuserzeugung im traditionellen länglichen Haufen, auch Walm genannt, bewährt.

So wird der Komposthaufen aufgebaut

Die Vielfalt an organischen Substanzen, die auf einen Komposthaufen kommen, machen die Qualität der daraus entstehenden Erde aus.

Einen Komposthaufen zu bauen, ist ganz leicht. Wichtig ist und bleibt aber die bunte Vielfalt an Substanzen, denn im Komposthaufen ist die „Erderzeugung“ auf wenig Platz konzentriert.

Dafür läuft die Umsetzung auch sehr schnell ab: Schon nach 4 bis 6 Monaten ist die Verrottung abgeschlossen, ohne dass der Kompost umgesetzt werden muss!!!

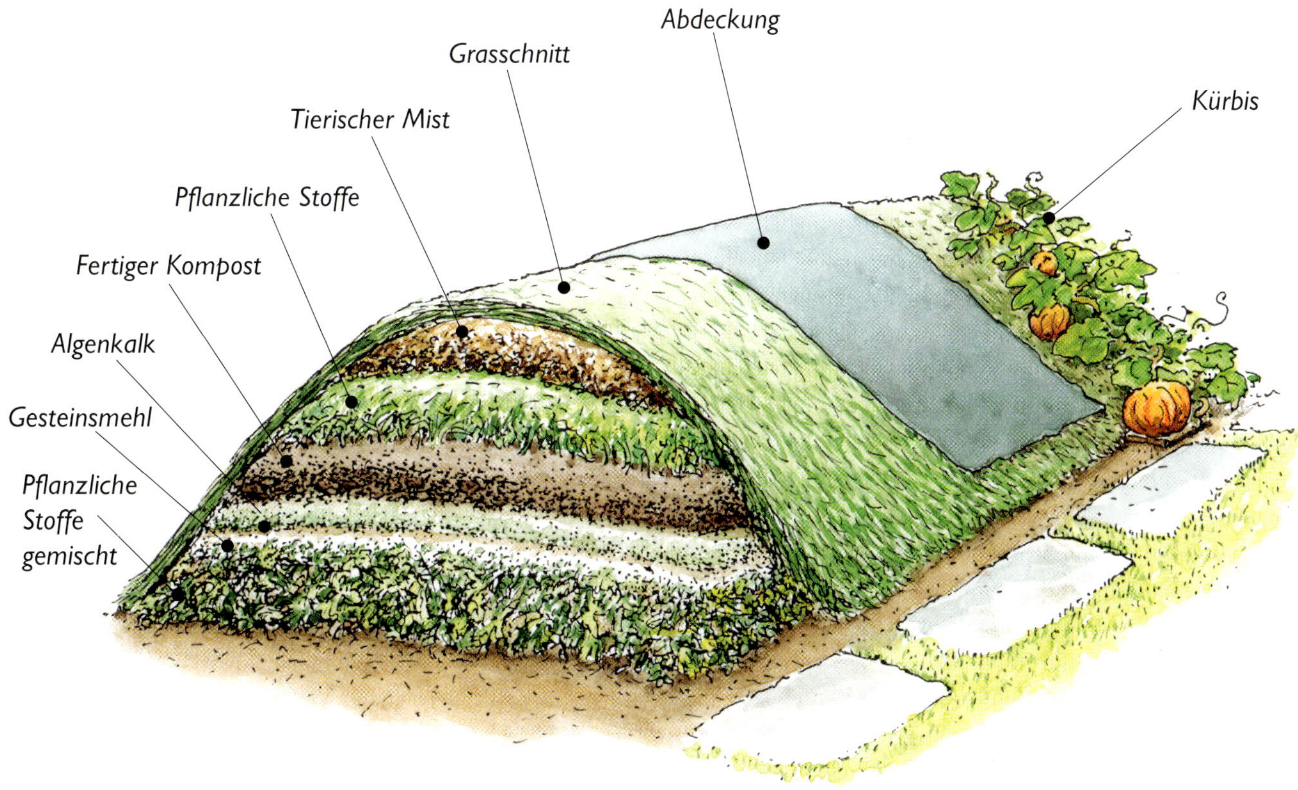

Zutaten für guten Kompost

Alle schon erwähnten pflanzlichen Stoffe werden etwas zerkleinert und in einer Breite von etwa einem Meter aufgeschichtet. Eine Schicht soll 20 Zentimeter hoch sein. Für Kompostsilos gilt das gleiche, das Grundausmaß ist hier jedoch vorgegeben.

Nach dieser ersten „pflanzlichen Schicht“ sollten ein wenig Gesteinsmehl und Algenkalk aufgestreut werden. Eine 2 bis 3 cm starke Schicht von schon fertigem Kompost folgt. Dieses „Impfmaterial“, an dem Bodenbakterien haften, beschleunigt den Ablauf der Verrottung. Ist kein „reifer“ Kompost vorhanden, kann hier ein Kompostbeschleuniger eingestreut werden. Anschließend wiederum eine Schicht pflanzlicher Stoffe und dann, so vorhanden, Mist von Stall- oder Haustieren.

Aber keine Panik: Sie brauchen sich nicht gleich eine Milchkuh anzuschaffen, es gibt getrockneten Rindermist, oder, noch einfacher, Hornspäne. Auf diese Weise wird der Komposthaufen bis in eine Höhe von maximal eineinhalb Metern aufgeschichtet.

Und noch ein Tipp für einen selbst gemachten Kompoststarter: In zehn Litern warmem Wasser ein Kilogramm Zucker auflösen und einen Würfel Hefe einrühren. Kurze Zeit stehen lassen und in Löcher gießen, die mit einem Holzstab in den Komposthaufen gebohrt wurden.

Ist dieser Kürbis, der da hinter der Steinmauer hervorlugt, die „Krone“ eines Komposthaufens?

Tipp

Jeder Komposthaufen benötigt eine „Haut“: Am einfachsten wird sie aus Grasschnitt hergestellt.

Die Halme bilden einen dichten Filz, der die Feuchtigkeit im Inneren des Komposthaufens aufrecht erhält und ein Übermaß an Regen ableitet.

Bewährt haben sich aber auch Kompostvliese, die von Großkompostierwerken verwendet werden. Die Abdeckung verhindert Unkrautbewuchs und das Auswaschen der Nährstoffe der Komposterde bei starken Regenfällen.

Eine „faule“ Sache

„Mein Komposthaufen stinkt“, ist oft zu hören: In den meisten Fällen sind Fehler gemacht worden. Häufig ist das Kompostmaterial zu feucht und zu dicht aufgeschichtet worden. Es kommt nicht zur Verrottung, sondern zu Fäulnis. Zu stark zerkleinerte Stoffe (den Häcksler wirklich nur für die sperrigen Äste verwenden!) lassen kaum Luft in den Komposthaufen und das Bakterienleben erstickt. Das Kompostmaterial ist dann schwarz, nass und stinkt. Manchmal ist der Komposthaufen aber auch zu trocken. Erkennbar ist das durch ein „graues“ Innenleben. Schimmelpilze überziehen das Kompostmaterial. In beiden Fällen sollte der Haufen oder Kompostsilo umgesetzt werden und je nach Problem mit viel trockenem oder viel nassem Material vermischt werden. Nach einigen Wochen sind diese Schwierigkeiten beseitigt. Die Natur hat die Fehler ausgebügelt und nichts musste weggeworfen werden!

Wofür wird Komposterde verwendet?

Fertige Komposterde muss nach „Walderde“ duften und sollte so rasch wie möglich verwendet werden. Wird sie gelagert, muss man sie vor Regen schützen, da sonst die Nährstoffe ausgeschwemmt werden. Ausgereifte Komposterde kann das ganze Jahr über zu den Pflanzen gegeben werden. Auf die Gemüsebeete kommt der Kompost entweder im Herbst, oder besser erst im Frühjahr. Niemals sollten mehr als ein bis zwei Zentimeter Kompost aufgetragen werden. Auch beim organischen Düngen gibt es nämlich ein Zuviel. Und keine Angst: Wenn Sie Larven im Kompost finden, so sind das in 99 von 100 Fällen die Larven des Rosenkäfers, der nur verrottendes Material frisst und die frischen Pflanzenwurzeln unbeschadet lässt. Er ist daher im Garten kein Schädling!

Kürbisblätter beschatten den Kompost, so bleibt die Erde feucht.

Kürbisse sind die ideale Bepflanzung für den Komposthaufen. Allerdings werden die Pflanzen nicht obenauf gesetzt, sondern bei einem walmförmig aufgeschichteten Komposthaufen seitlich am Rand; bei einem Kompostsilo, wenn möglich, im unteren Bereich in den Zwischenraum der Umgrenzung. Die Kürbisblätter beschatten die Erde, die Wurzeln saugen ausgewaschene Nährstoffe aus dem Boden. Und aus den Kürbissen lassen sich neben Suppe viele andere Köstlichkeiten zubereiten …

Tipp

Um zu testen, ob die Komposterde verwendbar ist, kann man eine Keimprobe durchführen. Kressesamen reagieren rasch auf noch schädliche Substanzen. Geben Sie Komposterde in einen Blumentopf-Untersetzer, streuen sie ganz gewöhnliche Gartenkresse aus, gießen Sie gut an und legen Sie eine Glasplatte als Verdunstungsschutz darauf. Keimt die Kresse dicht und grün, ist die Erde fertig. Fallen viele Samen aus oder sind die Blätter gelblich-grün oder verfaulen, muss der Kompost noch nachreifen.

Die Bodenbedeckung

Das Bedecken des Bodens ist einfach der Natur nachgemacht, denn ohne Zutun des Menschen bleibt kein Stück Boden unbewachsen oder unbedeckt. Beobachten Sie doch: Eine Straßenbaustelle mit riesigen Erdhügeln verwandelt sich meist schon nach wenigen Monaten in ein feuerrotes Mohnfeld.

Es bleibt ein Geheimnis der Natur, dass hunderttausende Samenkörner zuerst jahrzehntelang im Erdboden dahinschlummern und dann, quasi auf Befehl, zu keimen beginnen.

Im Wald ist es ein wenig anders. Die geringen Lichtmengen lassen im Hochwald fast keinen Unterwuchs zu. Die Erde bleibt aber dennoch nicht nackt, sondern wird mit Blättern, Nadeln, Ästen und Rindenstücken bedeckt.

Der Boden darunter bleibt feucht, ist voll von nützlichem Getier und wird mit den Jahren immer humusreicher.

Mulchen schützt den Boden und spart viel Arbeit: Die Erde bleibt feucht, es wächst kaum Unkraut und das Bodenleben wird mit Nahrung versorgt.

Wir „intelligenten Faulen“ machen das Bodenbedecken der Natur nach – gleich aus mehrerlei Gründen:

Wir ersparen uns häufiges Gießen.

Wir müssen weniger Unkraut jäten.

Wir können auf Düngen weitgehend verzichten.

Der Regenwurm holt sich die nötigen Nährstoffe aus der Mulchschicht und so entsteht über kurz oder lang die eigene kleine „Düngefabrik“ im Garten …

Für viele Hobbygärtner, die ihren Garten biologisch bewirtschaften wollen, bedeutet das dauerhafte Bedecken des Bodens mit organischem Mulchmaterial die größte Umstellung – nun werden nämlich die Beete nicht mehr sauber und glatt gerecht.

Damit wird gemulcht

- ***Grasschnitt, Strohhäcksel, Laub***
- ***auch Papier und unbedruckter Karton*** (Achtung vor Schwermetallen in einigen Druckfarben!!!)
- ***Blätter:*** von Beinwell und Brennnessel (solange sie nicht blühen und Samen tragen!)
- ***Rindenmulch:*** bei Beeren, Azaleen und auch Rosen sowie unter Sträuchern, weil er wie Torf (den der Naturgärtner zum Schutz der wenigen noch erhalten Moore nur in Ausnahmefällen verwendet) eine saure Bodenreaktion auslöst. Nicht im Gemüsegarten!
- ***Rindenhumus:*** Ein bis zwei Jahre kompostierte Rinde, die auch im Staudenbeet oder im Gemüsegarten aufgebracht werden kann. Verrottet meist innerhalb eines Jahres, bildet aber viel Humus.
- ***Aktivfaser:*** Ein relativ neues Mulchmaterial aus Holzfasern, das nach dem ersten Aufbringen kräftig angegossen wird und die Oberfläche vernetzt. Dadurch kommt es kaum zu Unkrautwuchs und der Boden trocknet nicht aus.
- ***Mulchfolien:*** Unter dem Namen „Erdbeerfolie“ ist diese dunkle Folie im Handel. Nachteil: Wenig Feuchtigkeit dringt in die Erde ein, die Bodenlebewesen bekommen außerdem wenig Luft, und bei sehr großer Hitze werden die Wurzeln in Mitleidenschaft gezogen.
- ***Mulchpapier:*** Gerade für Anfänger ideal. Lässt die Beete „ordentlich“ aussehen und das Papier schadstofffrei verrotten.

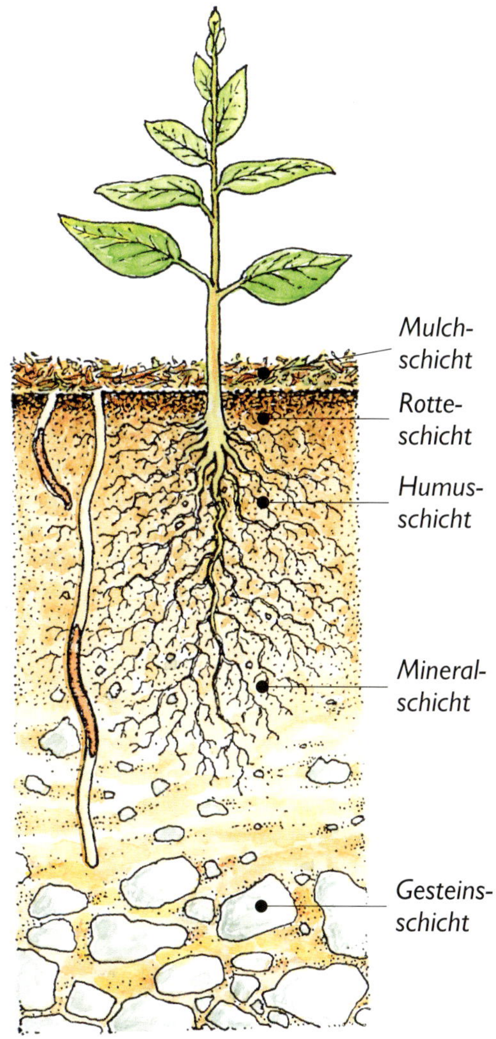

Mulchmaterial ist auch Zierde: Die grobe Rinde hält mehrere Jahre lang.

Achtung bei Schnecken und Wühlmäusen

Ist Ihr Garten eine Heimstätte von Schnecken und Wühlmäusen, heißt es beim Mulchen aufpassen:

- ***Niemals zu dicke Mulchschichten aufbringen. Die Devise: öfter, dafür dünner.***
- ***Mulchmaterial vor dem Ausbringen antrocknen lassen.***
- ***Mulchschicht bei Bäumen nie direkt bis zum Stamm auftragen - Wühlmäuse könnten sonst die Baumwurzeln kahl fressen.***
- ***In Gärten mit Wühlmäusen über den Winter keine Mulchdecken liegen lassen.***

Das ist wirklich kinderleicht: Karton und Mulch machen selbst größere Flächen für viele Monate unkrautfrei.

Umgraben: nein danke!

Vergessen Sie alles, was Sie bisher über Bodenbearbeitung gehört haben. Im Garten für den „intelligenten Faulen" ist alles anders. Nicht, weil es ihn nicht freuen würde, den Boden alljährlich im Herbst umzugraben (gemeint sind hier vor allem die Gemüsebeete), sondern weil er durch die vielen anderen naturnahen Maßnahmen eine lockere, feinkrümelige Bodenschicht aufgebaut hat.

Dennoch sollte sich der „Faulenzer" nicht täuschen: In einem neuangelegten Garten mit einem vielleicht sogar sehr schweren Boden dauert es drei bis vier Jahre und manchmal auch noch viel länger, bis das Umgraben unterbleiben kann. Da heißt es, zuerst noch kräftig in die Hände spucken, denn ein Boden ist nur so gut, wie Luft und Feuchtigkeit in ihm vorhanden sind. Daher wird zunächst der Boden im Herbst alljährlich grobschollig umgestochen. Der Frost sorgt dann für ein Zerkleinern der Erdbrocken. Im Frühjahr ist die Erde zunächst krümelig. Sie bleibt es aber nur, wenn der Boden sofort gemulcht, also zum Beispiel mit Rasenschnitt bedeckt wird. Versuchen Sie es einmal: Auf ein Beet wird Rasenschnitt gestreut, auf das andere nicht. Nach wenigen Regen- und Hitzetagen macht Sie der Vergleich sicher. Auf der einen Seite sind meist zentimeterbreite Sprünge, auf der anderen Seite hingegen ist die Erde unter der Mulchschicht nach wir vor leicht und locker. In einem solchen Boden wachsen die Pflanzen wesentlich kräftiger und sind für Krankheiten und Schädlinge nicht so anfällig.

Und immer schön locker bleiben

Ist nach einigen Jahren der Boden reichlich mit Humus versorgt und hat sich eine krümelige Struktur gebildet, kann der „intelligente Faule" den Boden auf folgende Weise lockern: Er sticht eine Grabgabel in die Erde und bewegt den Stiel ruckartig vor und zurück. Etwa alle 15 cm sollte dies erfolgen. Damit wird die Erde belüftet, gleichzeitig bleiben aber alle Bodenschichten und Bodenorganismen dort, wo sie hingehören.

Nach einigen Jahren des biologischen Gärtnerns kann man auch ein für den Biogartenbau speziell entwickeltes Werkzeug verwenden, den Sauzahn. Er hat die Form einer Sichel, ist aber aus kräftigem Metall. Dieser Ziehhaken wird alle zehn Zentimeter diagonal durch die Erde gezogen. So kommt Luft in den Boden, die Bodenschichten werden aber nicht durcheinander gemischt und das Bodenleben bleibt intakt.

Statt Spaten kommen Grabgabel (oben) oder Sauzahn (unten) zum Einsatz. Damit werden die Erdschichten nicht durcheinander geworfen.

Das Ende der Monokultur

Groß und Klein auf einem Beet: Die Mischkultur nutzt alle Etagen im Beet aus.

Die Natur kennt keine Monokultur: Überall leben Pflanzen in Gemeinschaft, in Harmonie und Vielfalt auf engstem Raum und stärken einander.

Der Naturgärtner strebt ein solches Wechselspiel an und hat im Laufe der Zeit „Freunde“ und „Feinde“ unter den Pflanzen herausgefunden. Die Mischkultur ist im Gemüsegarten besonders wichtig, hat aber auch im Ziergarten große Bedeutung.

Vieles spricht für die Mischkultur

- ***Abwehr von Schädlingen:***
Lavendel wird zu den Rosen gesetzt, weil der starke Geruch die Läuse vertreibt.
- ***Anlocken von Schädlingen:***
Kapuzinerkresse wird auf die Baumscheiben (das ist der unbepflanzte – „gemulchte“ – Bereich rund um den Stamm) der Obstbäume gesetzt, um eine bestimmte Art von Blattläusen anzulocken.
- ***Besseres Ausnutzen des Platzes:***
Mais und Gurken passen im Gemüsegarten gut zusammen: Der Zuckermais, der für den Hobbygärtner der interessanteste ist, wächst hoch, die Gurken dagegen bleiben am Boden.
- ***Verbesserung des Aromas:***
Kartoffeln bekommen einen besonders guten Geschmack, wenn man Kümmel dazu setzt. Angeblich schmecken sie dann einzigartig …

Tipp

Ziergarten und Nutzgarten sollen keinesfalls streng getrennt werden, denn die vielen positiven Einflüsse, die Kräuter auf ihre Umgebung ausüben, sollte sich der Gärtner zu Nutze machen. Lavendel z.B. gehört zu den Rosen, denn Lavendel stärkt die „Königin der Blumen“ und verringert die Gefahr einer Blattlausinvasion. Generell wirken Kräuter auf die Nachbarschaft stärkend und schädlingsabwehrend.

- ***Verbesserung des Wachstums:***

Dill kommt als Wachstumsstimulator zu den Karotten in die Saatrillen. Er keimt relativ rasch und beschleunigt auch das Keimen der Karottensamen.

So wirkt die Mischkultur

Pflanzen nehmen nicht nur Stoffe aus dem Boden auf, sondern sie geben auch Stoffe ab. Denken Sie nur an den starken Geruch von Knoblauch. Ob nun ätherische Öle oder auch Düngestoffe, die „Nachbarn“ ziehen daraus einen Nutzen, der zum Beispiel in der Vertreibung von Schädlingen liegt: Zwiebelgeruch passt der Möhrenfliege ganz und gar nicht, und so setzt der Naturgärtner neben einer Reihe Zwiebel eine Reihe Karotten. Umgekehrt passen aber auch manche Pflanzen nicht zusammen – Karotten und Erbsen zum Beispiel vertragen einander nicht.

Auch im Ziergarten sollte auf gute Nachbarschaft geachtet werden. Rosen und Lavendel sind ideale Partner, denn der Geruch des Lavendels verschreckt die Blattläuse.

Ein bis zwei Knoblauchzehen werden im Herbst unter jeden Obstbaum gepflanzt, dann gibt es keine Blattläuse mehr.

• • •

Bodenmüdigkeit bei Rosen bekommt man mit Studentenblumen (Tagetes) in den Griff: Sie sollten jedes Jahr unter die Büsche gepflanzt werden.

• • •

Mit der Mischkultur von Ringelblumen und Karotten wurden beste Erfahrungen gemacht. Die Karotten gedeihen und schmecken.

• • •

Petersilie wird zu Karotten und Zwiebeln gepflanzt, da wächst sie wieder kräftig.

• • •

Tomaten zwischen das Kraut setzen, das hilft gegen Krautwürmer.

• • •

Sellerie zwischen die Tomatenpflanzen setzen, so bekommen die Früchte einen guten Geschmack.

• • •

Sellerie darf nie in „Monokultur“ gesetzt werden. Rote Rüben, Rettich und Salat passen gut zu ihm, die Knollen werden dann besonders groß.

• • •

Zwiebeln gedeihen am besten, wenn sie neben Karotten oder Tomaten stehen. Auch Petersilie hat sich als Nachbar bewährt. Radieschen zu Salat pflanzen, Erbsen zum Sellerie und Kartoffeln neben alle Kohlarten.

Ideen für einen intelligenten Ziergarten

Grundlagen

Wie sieht ein Gartenparadies aus? Mit Sicherheit für jeden anders. So mancher träumt von üppigen Blumenbeeten, Rosen, Bäumen und Sträuchern – einem romantischen Durcheinander. Andere vom kurzgeschnittenen englischen Rasen, einigen wenigen, perfekt arrangierten Stauden. Dazwischen fein gesäuberte Wege …
Es gibt keinen Garten, der aussieht wie ein anderer. Das verbindet den Garten mit dem Menschen. Nur ganz selten findet man einen Doppelgänger. Deshalb ist auch beim Garten vieles eine Frage der persönlichen Entscheidung: Die grüne Oase rund ums Haus ist und bleibt eine höchst individuelle Sache.

Jedoch: Mit dem Kauf dieses Buches zählen Sie sich eigentlich schon zu einer bestimmte Gruppe von Gartenbesitzern. Der englische Rasen wird es wohl nicht sein, dem Sie zusprechen. Eher der bunten Blumenwiese, oder, wenn nicht genug Platz vorhanden ist, dem Blumenrasen.

Die fein gesäuberten (und dreimal jährlich dampfgestrahlten) Gartenwege sind auch nicht so recht Ihre Welt: Der „intelligente Faule" wiegt ab, was notwendig und was übertrieben ist. Ein wenig „Beikraut" (so nennen wir ab sofort das Unkraut) in den Plattenfugen macht Ihnen kaum mehr Sorgen. Einfach beim nächsten Rasenmähen darüber fahren und schon sieht alles wieder „ordentlich" aus, wenn auch nicht übertrieben. Die Planung des Ziergartens gehört zu den schwierigsten Dingen: Wohnzimmer, Küche, Schlafzimmer oder andere Räume lassen sich schnell gestalten, denn die Einrichtungshäuser sind voll mit Ideen. Den Garten jedoch kann man nicht „von der Stange" kaufen.

Es gibt dennoch viele Möglichkeiten, zu seinem ganz persönlichen Gartenparadies zu kommen. Sammeln Sie Ideen – verrückte, ausgefallene, nicht alltägliche … Als ich meinen Ruinengarten plante, war die Skepsis im Freundes- und Bekanntenkreis mehr als groß. Diese Idee, von Gartenreisen aus England mitgebracht, entstand letztlich aus dutzenden Bildern, Gartenbüchern und der ordnenden Hand des Gartengestalters. Er machte aus der verrückten Idee ein Gestaltungselement, das die Blicke der Besucher auf sich zieht und zum Lieblingsplatz der gesamten Familie geworden ist. Übrigens: Ein netter Onkel meinte: „Nach England haben wir dich fahren lassen, nach Ägypten darfst du aber jetzt nicht mehr …". Auf Ihren nächsten Urlauben gehören also Kamera und Notizblock zur Standardausrüstung. Vielleicht entsteht auch bei Ihnen die eine oder andere verrückte Gartenidee. Es braucht ja nicht gleich ein Pyramidengarten zu werden.

Bäume und Sträucher

Es ist die „dritte Dimension", die ein Garten mit Bäumen und Sträuchern erhält. Jedoch: Ein niedliches Bäumchen kann sich nach einigen Jahren zu einem mächtigen Koloss entwickeln, den man nicht mehr in den Griff bekommt. Lassen Sie sich in einer Baumschule oder Gärtnerei beraten, damit nicht ein kleiner Reihenhausgarten plötzlich zum Mini-Urwald wird. Bei einer Gartenmesse kam eines Tages ein Besucher zu mir und fragte voller Enthusiasmus, wo er denn eine Platane kaufen könne. Ich antwortete, dass Platanen an

Der Goldregen – eine an sich giftige Pflanze – wird mit den Jahren zum attraktiven Baum, kann aber durch Schnitt kompakt gehalten werden.

sich in jeder guten Baumschule zu kaufen seien, und fügte hinzu: „Wie groß ist denn Ihr Garten?" – „Ein Reihenhausgarten!" Dennoch sollte keinesfalls, auch in einer nicht allzu großen „grünen Oase", auf Bäume verzichtet werden. Es gibt viele „schlank" wachsende Ziergehölze, ebenso Kugelkronenbäumchen, die auch in kleinen Gärten Platz finden. Sträucher sollten nicht „einsam" in der Mitte eines Rasens gepflanzt werden. Bilden Sie aus drei oder vier Gehölzen kleine Gruppen. Unter diesen Sträuchern wird das Gras nach einigen Jahren nicht mehr wachsen, das Mähen wird damit einfacher.

Besonders schön sind Blütensträucher in einer frei wachsenden Hecke aus Wild- und Blütengehölzen. Sind die Sorten richtig abgestimmt, blühen das ganze Jahr über immer wieder andere Sträucher.

Der Ruinengarten entstand nach englischem Vorbild.

Gehölze für die Wild- und Blütensträucherhecke

„Intelligent" Gärtnern heißt nicht nur an sich selbst, sondern auch an die Natur zu denken. Sie hilft uns nämlich dabei, „faul" zu bleiben. Gehölze in einer Hecke sollen für den Menschen Sicht- oder Lärmschutz bieten, blühen und ein ansprechendes Erscheinungsbild haben.

Für die Tiere, in den meisten Fällen Nützlinge, ist die Hecke dagegen als Nahrungs- und Lebensraum wichtig. Und so ergänzt sich im Garten für den intelligenten Faulen das Nützliche mit dem Schönen: Singvögel nisten in den bedornten Ästen vor Sanddorn und Schlehe und sind damit vor Katzen geschützt, gleichzeitig gibt es Nahrung in Hülle und Fülle: Früchte von Felsenbirne, Heckenkirsche oder im späteren Sommer vom Holunder, und zwischendurch noch von Sanddorn und Schlehe. Aber nicht nur die Früchte sind eine Attraktion für die Singvögel. In jedem Garten gibt es zu bestimmten Zeiten einen voll gedeckten Tisch: Die lästigen Blattläuse zum Beispiel, von denen manche meinen, sie seien nur durch Chemie zu bekämpfen. Im „intelligenten Garten" erledigen

Duftender Flieder – der Traum jedes Gartenbesitzers. In bunter Mischung mit anderen Blüten- und Wildsträuchern gibt eine solche ungeschnittene Hecke kaum Arbeit und ist eine Bereicherung für jeden Garten.

Haus und Garten sind eine Einheit: Sie sollten daher schon beim Anlegen auf ein richtiges Verhältnis von Bäumen, Sträuchern, Rasen und Blumen achten.

das die nützlichen Helfer aus der Wildsträucherhecke. Ob an Rosen oder Obstbäumen, am Geißblatt oder Fuchsien, überall suchen die gefiederten Freunde nach Nahrung.

Wo wir schon bei Schädlingen sind: Im Unterholz der Wildsträucherhecke bleibt das Laub liegen, denn dort fühlen sich Laufkäfer so richtig zu Hause. Und diese Tierchen wiederum haben Schnecken „zum Fressen gern“. Freilich muss bei den „schleimigen Gästen“ offen gesagt werden, dass der nützliche Laufkäfer alleine nichts ausrichtet. Selbst bei gemeinsamem Vorgehen werden Laufkäfer, Igel, Blindschleichen und Kröten einer Schneckenplage nicht beikommen. Aber davon später.

Wildsträucherhecken haben gleich mehrere Vorteile. Einerseits müssen sie, wenn ausreichend Platz vorhanden ist, nicht geschnitten werden, andererseits bieten diese Gehölze zahlreichen Nützlingen Quartier und Nahrung. Diese Tiere helfen dem „intelligenten Gärtner“ von Jahr zu Jahr stärker bei der Bekämpfung von Schädlingen. Man denke nur an Singvögel, die in den dichten Ästen hervorragende Nistmöglichkeiten finden.

Nicht zu vergessen ist natürlich die äußerst dekorative Wirkung einer solchen Wildsträucherhecke: Die unterschiedlichen Blattfärbungen, die zarten Blüten, der Beerenschmuck im Herbst und die interessante Struktur der Rinde machen eine solche Gartenbegrenzung zu einem Zierelement für ein ganzes Gartenjahr. Die Tabelle zeigt einige der schönsten Wild- und Blütensträucher, die – geschickt gepflanzt – immer wieder für Blütenschmuck sorgen.

… und dann kommen die ersten Besucher

Die ersten (willkommenen) Besucher sind Käfer, Insekten, Singvögel und viele andere mehr. Wie sehr diese Zuwanderung von der Art der Bepflanzung abhängt, zeigen einige Zahlen (entnommen aus dem Buch „Naturoase Wildgarten“ von Reinhard Witt): Die Salweide lockt 213 Insektenarten an, der Eingriffelige Weißdorn 163 und die Schlehe 137. Bei den Vögeln ist die Vogelbeere mit 63 verschiedenen Vogelarten am beliebtesten, gefolgt vom Holunder mit 62 und dem Roten Holunder (Traubenholunder) mit 47. Und schließlich die von Säugetieren (Igeln, Spitzmäusen) bevorzugten, heimischen Sträucher: Wildapfel: 35 Arten, Haselnuss 33 und Wildbirne 29.

Diese Vielfalt in der Fauna ist es, die einen Garten zum Naturparadies macht. Die Nützlinge sorgen dafür, dass Blattlausinvasionen in den Griff zu bekommen sind. Der „intelligente Faule“ denkt eben nicht an die Behebung eines Schadens, sondern versucht, die Ursache für das Problem zu finden und gegenzusteuern.

Tipp

Bäume und Sträucher benötigen bei der Pflanzung lockeren, humusreichen Boden. Kompost und Hornspäne sollten als Langzeitdünger beigemischt werden. Bei Hecken hat es sich bewährt, einen breiteren Bereich mit Mulchmaterial (Kompost, der mit Rindenmulch abgedeckt ist) zu bedecken. Um in den ersten Monaten das Durchwachsen der Gräser zu verhindern, lege ich Karton und dicke Lagen an Zeitungen auf. Mit zunehmender Größe der Pflanzen erübrigen sich die Pflegearbeiten, da das geringe Lichtangebot unter den Sträuchern praktisch keinen Bewuchs zulässt.

Das schönste Blumenbeet für alle Faulen

Eine Blumenwiese ist eine „Oase der Natur“, die unbedingt ungestört wachsen will. Sobald Gras und Blumen knöchelhoch sind, darf niemand mehr in die Wiese treten. Die Fläche wird zu einem großen Blumenbeet. Jeder Schritt würde die Pflanzen knicken und damit im Wachstum behindern.

Der Rasen hat also auch in einem Naturgarten seinen fixen Platz: Überall dort, wo man eine Liegewiese haben will, wo dann und wann ein Fußballspiel stattfindet oder wo

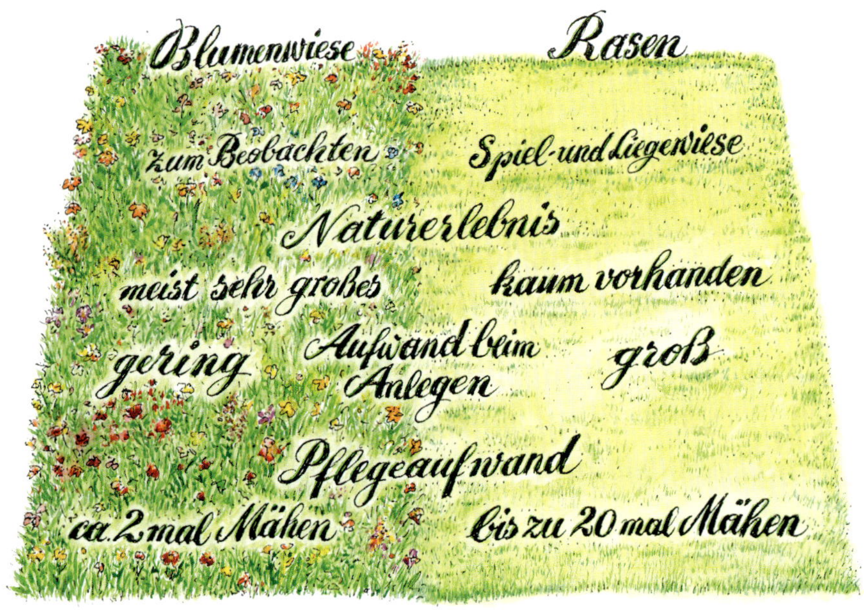

an schönen Sommertagen die Sitzmöbel aufgestellt werden, hat er seine Berechtigung.

Die Blumenwiese ist aber nicht nur „Oase der Natur" – sie spart auch Arbeit. Meist nur zwei bis dreimal im Jahr muss sie gemäht werden, wohingegen der Rasen ständige Pflege benötigt. Fast jede Woche muss der Rasenmäher in Aktion treten. Bei großer Trockenheit sollte außerdem gewässert werden – die Blumenwiese übersteht dagegen auch eine längere regenlose Zeit.

Eine Blumenwiese wird neu angelegt

Wer eine Blumenwiese neu anlegt, sollte zunächst einmal in die Natur hinaus gehen und beobachten: Eine natürliche Wiese ist uneben – es gibt Vertiefungen und Erhebungen. Genau so sollte die Blumenwiese in Ihrem Garten sein. Sammeln Sie nur Steine und größere Erdbrocken ab – das genügt. Humus darf nicht zu viel vorhanden sein.

Dann gibt es zwei Möglichkeiten, die Blumenwiese anzulegen: Zuerst jene für den ungeduldigen Gärtner: Der Rasen wird mitsamt der obersten Humusschicht abgetragen und kompostiert. Die verbleibende Erde kann modelliert werden: Wie zuerst beschrieben, werden einige Unebenheiten eingebaut. Schon ist die Fläche fertig zum Aussäen. Die zweite Möglichkeit ist, den Rasen durchwachsen zu lassen. Immer seltener Mähen, immer mehr der Natur freien Lauf lassen. Nach drei, vier, oder gar erst fünf und mehr Jahren wird eine Blumenwiese entstehen.

Woher das Saatgut nehmen?

Die einfachste Methode ist, fertige Packungen zu kaufen – achten Sie aber genau auf die Mengenangaben für das Säen. Wählen Sie nur Packungen, auf denen die enthaltenen Blumen- und Gräserarten vermerkt sind. Das macht beim Beobachten noch mehr Freude. Eigentlich sollten bei den Blumenwiesenmischungen fast keine Gräser enthalten sein.

Leider ist dies meist nicht der Fall. Daher wäre es ideal, wenn Sie das Saatgut auf Wiesen in der Umgebung sammeln: Samenstände im Halbschatten trocknen lassen und ausstreuen. Noch einfacher ist es, frisch geschnittenes Heu eines Biobauern (damit keine zu wüchsigen Gräser mit dabei sind) auf der vorbereiteten Erde zu verteilen und trocknen zu lassen. Die Samen fallen aus und sorgen, langsam aber sicher, für den richtigen Bewuchs.

Narzissen passen perfekt in die Blumenwiese. Gemäht werden darf aber erst nach dem Einziehen der Blätter.

Tipp

Wer nur einen kleinen Garten besitzt, muss nicht auf eine Blumenwiese verzichten. An den Außenseiten des Rasens – zum Beispiel zur Hecke hin – lassen Sie ein bis eineinhalb Meter Wiese stehen. So können Sie die Vorteile eines Rasens mit jenen der Blumenwiese verbinden.

Blumenwiesen können auch so angelegt werden: Wildblumenpflänzchen werden in sogenannten Multitopfplatten vorgezogen oder bei Fachfirmen in dieser Form gekauft.

Die kleinen Pflänzchen vorsichtig aus der Platte lösen. Am besten zuvor den Topf an der Rückseite zusammendrücken.

Mit einer Pflanzschaufel oder einem Unkrautstecher kleine Löcher in den Rasen stechen und die Wiesenblumen pflanzen.

Die Blumenwiese ist etwas für Faule

Die Blumenwiese benötigt später weniger Pflege. In den ersten Wochen, wenn mühsam der Boden für die Aussaat vorbereitet wird und die kleinen Wiesenblumen-Pflänzchen dann bei Trockenheit ständig gegossen werden müssen, ist das noch nicht so deutlich zu spüren. Allmählich jedoch wird die Arbeit weniger – bis zu dem Tag, an dem die Wiese erstmals gemäht werden muss.

Wie oft soll man mähen?

Normalerweise muss eine Blumenwiese zweimal pro Jahr gemäht werden: Ende Juni/Anfang Juli und im September oder Oktober. Dies gilt für eine Wiese, die auf einem durchschnittlich nahrhaften Boden steht. Ist der Boden besonders karg, kann auch ein einziger Schnitt im Herbst genügen.

Womit mähen?

Große Flächen lassen sich zweifellos für Ungeübte am leichtesten mit sogenannten Balkenmähern mähen. Umweltfreundlicher ist dagegen die Sense: Freilich heißt es hier: „Übung macht den Meister". Ein Tipp: Schauen Sie einem Bauern aus der Umgebung über die Schulter und lassen Sie sich von ihm die Grundregeln für das Sensenmähen zeigen.

Motorsensen sind recht praktisch, eignen sich aber nur für relativ kleine Flächen. Zwischen Sträuchern und Bäumen lässt sich mit motorbetriebenen Sensen das Gras ganz gut mähen. Motorsensen schneiden meist mit einem Nylonfaden.

Probleme mit der Blumenwiese

Keine Blüten, nur Gras

- Es sind zu viele Nährstoffe im Boden, die wuchsfreudigen Gräser nehmen überhand.
- Die Blumen haben nicht zu diesem Standort gepasst (zu trocken, zu nass). Hier hilft nur umgraben, Boden verbessern und neu einsäen.

Nur im ersten Jahr hat die Blumenwiese geblüht

- In der Samenmischung haben sich nur oder fast nur einjährige Blumen befunden. Sie benötigen aber unbe-

Schon nach relativ kurzer Zeit wird so aus einem Rasen eine Blumenwiese – passt der Boden, entsteht in wenigen Jahren eine üppig blühende Wiese.

deckten Boden und können bei dichtem Grasfilz nicht keimen (zum Beispiel Mohn oder Kornblume).

Es wachsen nur Löwenzahn und Gänseblümchen

- Der Boden ist zu nährstoffreich, er muss abgemagert werden, z. B. durch das Aufbringen von Sand und das regelmäßige Entfernen des Mähguts.
- Die Erde ist zu stark verdichtet oder wird zu oft betreten.

Wiesenblumen wurden angepflanzt, wachsen aber nicht

- Der Boden war zu nährstoffreich, die Gräser haben wieder überhand genommen.
- Die „Blumen-Inseln" waren zu klein.
- Die gewählten Pflanzen haben nicht auf diesen Boden gepasst.

Ein erster Schritt für Faule: der Blumenrasen

Für viele Gärtner ist die Umstellung von einem Rasen auf eine echte Blumenwiese nicht leicht. Die praktische Alternative ist der Blumenrasen. Er entsteht meist ganz von selbst und benötigt doch weniger Pflege als der englische Rasen. Das wichtigste ist, dass alle unkrautvernichtenden Rasendünger aus dem Garten verbannt werden.

Dünger wird man kaum noch brauchen: Gänseblümchen, Veilchen, im Frühjahr Schlüsselblume und vielleicht sogar Wiesenschaumkraut wachsen von alleine. Die vielen Zwiebelblumen, von Schneeglöckchen

Tipp

Das Aussäen einer Blumenwiese ist einfach: Mischen Sie unter das Saatgut trockenen Sand. Damit ist gesichert, dass nicht zu dicht angebaut wird. Anschließend die Samen mit einem Rechen ganz leicht in die Erde einhaken und mit Trittbrettern die Oberfläche verdichten. In den ersten Wochen die Fläche gleichmäßig feucht halten – das sichert gutes Keimen.

Intelligent und bequem sind die neuen Mulchmäher, die die Halme nicht nur abschneiden, sondern so lange um das rotierende Messer wirbeln, bis nur ganz kleine Teilstücke übrig bleiben. Damit wird der Rasen gleich gedüngt.

Aufpassen beim Bewässern: Gemulchte Rasenflächen müssen intensiv beregnet werden, weil die Gräser sonst Wurzeln in der weichen Oberschicht bilden und bei späterer Trockenheit großen Schaden nehmen.

Gut sind auch jene Mäher, die liebevoll „Sonnenschaf" genannt werden. Solarzellen an der Oberseite des Mähers treiben das Messer und die computergeregelte Steuerung an. Der Mäher fährt bei Sonnenschein selbstständig im Garten herum und wird von einer im Boden eingegrabenen Begrenzung im Zaum gehalten.

Der erste Schritt in die richtige Richtung: Blausternchen im Rasen

über Krokus bis hin zu Blausternchen und Narzissen, gedeihen auch in magerer Erde und sind der ideale Start für einen solchen Blumenrasen. Der Blumenrasen wird – speziell im Frühjahr – erst sehr spät gemäht. Alle Zwiebelgewächse müssen Zeit zum Einziehen haben. Das heißt, die Blätter werden gelb, beginnen zu vertrocknen und geben der Zwiebel Kraft für das nächste Jahr. Den Sommer über lässt man den Rasen etwa 10 bis 15 cm wachsen – gerade so hoch, dass man mit dem Rasenmäher noch durchkommt. Wichtig ist, dass der Blumenrasen nie zu kurz gemäht wird. Manche Blumen würden so vernichtet, denn ihre Knospen sind zu hoch über der Erde und könnten dann nicht mehr weiterwachsen.

Zwei Neuheiten: Rasen ohne Mähen und Teppichrasen

Er ist weder genmanipuliert, noch aus der Giftküche eines Chemiekonzerns: der Rasen „Holiday", der vor kurzem von einem deutschen Gartenausstatter herausgebracht wurde. Die Spezialisten des Unternehmens haben jahrelang nach Grassorten gesucht, die besonders langsam wachsen oder ab einer bestimmten Halmlänge überhaupt aufhören, zu wachsen. Das Ergebnis der jahrelangen Forschung ist ein Rasen, der fast nicht mehr gemäht werden muss. Nach vier, fünf Wochen ist dieser Rasen nur fünf Zentimeter hoch gewachsen. Wird er dann auf normale Höhe gemäht, wächst er ganz langsam, bis er wieder rund fünf Zentimeter hoch ist. Wird er nicht gemäht, bleibt er beinahe unverändert. Er sollte allerdings dann nicht intensiv begangen werden.

Dass es einen Fertigrasen zum Ausrollen gibt, wissen wohl die meisten. Nun aber gibt es eine noch einfachere Art der Rasenneuanlage: Ein Rollvlies mit dem Namen „Viresco", in das hochwertiges Saatgut und Startdünger eingewoben sind. Nach der Bodenvorbereitung wird die Rasenrolle mit einer ganz gewöhnlichen Schere zugeschnitten und wie ein Teppichboden aufgelegt. Anschließend wird bewässert. In der ersten Phase wird das Unkrautwachstum unterdrückt und die Rasenpflänzchen können sich kräftig entwickeln. Das Vlies verrottet nach einigen Wochen ohne Rückstände. Besonders für kleinere Flächen lohnt sich dieses System. Selbst Laien können damit bequem einen Rasen anlegen, denn es ist unmöglich, das Saatgut unregelmäßig zu verteilen.

Eine flotte Sache: Rollrasen macht den Garten im Nu grün.

Staudenbeete: bunt und bequem

Viele Hobbygärtner können mit dem Begriff Staude nichts anfangen und denken meist an Johannisbeer-„stauden" oder Holunder„stauden". Eine Staude ist aber etwas ganz anderes. Jeder kennt Pfingstrosen, Lupinen oder Rittersporn ... das sind zum Beispiel Stauden. Die Besonderheit ist, dass der Wurzelstock dieser Pflanzen überwintert und im Frühjahr neu austreibt. Die oberirdischen Teile frieren ab.

Es gibt tausende Stauden in allen Farben und Größen. Angeboten werden Stauden häufig in kleinen Kunststofftöpfen. Diese Container-Pflanzen können das ganze Jahr über gepflanzt werden. Die beste Zeit zum Anlegen eines Staudenbeetes ist aber ohne Zweifel das Frühjahr.

Planung und Pflege

Staudenpflanzungen sollen nicht nur das ganze Jahr über blühen, sondern auch in unterschiedlicher Höhe auf dem Beet wachsen. Beim Einkauf darauf achten, dass die gewählten Pflanzen zu unterschiedlichen Zeiten blühen und dass sie einander nicht im Wachstum behindern. Der Boden sollte tiefgründig gelockert, penibel genau von Wurzelunkräutern (Giersch, Quecke) gesäubert und reichlich mit Kompost aufgebessert werden. Auch Hornspäne als Langzeitdünger haben sich bei Staudenpflanzungen bewährt.

Tipp

Damit eine Staudenpflanzung rasch dichte Fülle erreicht, sollte von den jeweiligen Sorten nicht bloß ein Stück gepflanzt werden. Eine Faustregel sagt: Mindestens drei Pflanzen geben schon nach einem Jahr ein schönes Bild.

Zwei pflegeleichte Stauden: Frauenmantel (vorne) und Wolfsmilch

Staudenbeete wirken durch unterschiedlich hohe, in der Farbe abgestufte Pflanzen am besten.

Wuchshöhe und Blühzeitpunkt für schöne Stauden

Stauden gehören zu den interessantesten Gartenpflanzen. Es überwintert bei ihnen nur der Wurzelstock, alle oberirdischen Teile frieren ab. Die Wuchskraft dieser Pflanzen ist aber enorm. Über viele Jahre oder gar Jahrzehnte treiben sie immer wieder neu aus. Wer ein Staudenbeet anlegt, sollte auf Wuchshöhe und Blühzeitpunkt achten.

Wuchshöhe und Blühzeitpunkt für schöne Stauden

Die Tabelle zeigt die schönsten und robustesten Stauden, eingeteilt nach diesen Kriterien. Wenn Sie ein Staudenbeet neu anlegen, dann ist es wichtig, den Boden gut vorzubereiten, mit Kompost und Langzeitdünger zu versorgen und von jeder Pflanze zumindest drei Stück in einer Gruppe zu setzen. Das schafft schon im ersten Jahr eine großartige Wirkung.

Ein Beet für ganz Faule

Staudenbeete werden einmal bepflanzt und bringen dann Blüten für viele Jahre. Um in den ersten Jahren das Unkrautwachstum in den Griff zu bekommen, sollte die Erde stark gemulcht werden. Bewährt hat sich hier Rindenhumus oder Aktivhumus.

Rindenmulch ist für Staudenbeete ungeeignet, da er zuviel Gerbsäure enthält und das Wachstum bremsen würde.

Der Phlox blüht ein zweites Mal, wenn man gleich nach der ersten Blüte die verblühten Teile abschneidet. Einige Wochen später gibt es eine weitere Blüte. Auch der Rittersporn sollte gleich nach der Blüte zurückgeschnitten und gedüngt werden, dann blüht er im Herbst nochmals.

• • •

Manche Stauden verdrängen schon nach kurzer Zeit durch ihre Wuchskraft andere Pflanzen. Wenn man sie in einen Blechring (Höhe 15 cm) pflanzt, bleiben sie kompakt im Wuchs. Die Barriere sieht man nicht.

• • •

Alljährlich nach dem Zurückschneiden der Stauden kommt eine Schicht Kompost (etwa 5 cm) auf die Staudenbeete. Die Pflanzen danken es mit vielen Blüten.

Manche Stauden benötigen eine Stütze. Ein 4 bis 5 mm starker Draht wird zweimal gebogen, so dass im oberen Teil ein etwa 30 cm langes, gerades Stück entsteht. Die beiden „Beine" werden in die Erde gesteckt – hohe Stauden können sich an diesem „Geländer" anlehnen und fallen nicht um.

Die flotten Blüher – Zwiebelgewächse und Sommerblumen

Neu angelegte Gärten wirken in den ersten Jahren meist kahl und leer. Die „flotten Blüher" überbrücken diese Zeit. Zwiebelblumen sind ideal für Anfänger. Man kann eigentlich nichts falsch machen. Und die bunten Farbtupfer in einem Garten sorgen für einen eindrucksvollen Start ins Gartenjahr. Einmal gepflanzt, treiben die Blumenzwiebel alljährlich wieder aus – sie sind damit Pflanzen für viele Gartenjahre. Zwiebelgewächse und Sommerblumen können entweder auf eigenen Beeten stehen oder kommen in ein Staudenbeet.

Die richtige Pflege der Zwiebelgewächse

Frühlingsblüher:
Narzissen, Tulpen, Krokus, Schneeglöckchen, Hyazinthen und viele andere Frühlingsboten kommen ab Mitte September in die Erde. Spätestens Ende Oktober/Anfang November (je nach Witterung) muss diese Arbeit erledigt sein. Die Zwiebeln bilden nämlich noch im Herbst ein dichtes Wurzelgeflecht. Ist der Boden schon bald nach dem Pflanzen gefroren, können die Zwiebeln keine Wurzeln mehr treiben und haben meist eine deutlich kleinere Blüte. Der Boden für Zwiebelgewächse sollte humusreich und gut wasserdurchlässig sein. Als Vorsorge

Sie dürfen in keinem Staudenbeet fehlen: die flotten Blüher, wie zum Beispiel Tulpen.

Zwiebelblumen zum Verwildern, wie zum Beispiel Krokusse, Narzissen, Blausternchen, werden einmal gepflanzt und bringen für Jahrzehnte eine sich steigernde Blütenpracht.

• • •

Unter einer Wildsträucherhecke ist ein Narzissensaum ein alljährliches Feuerwerk an Farben. Narzissen sind besonders robust.

Zwiebelblumen sind die rasantesten Gewächse im Garten, schon nach wenigen Monaten entfalten sie ihre Blüten.

• • •

Vor allem die ersten Blüten bringen vielen Insekten Nahrung.

• • •

Sommerblumen sind preiswerte, rasch wachsende Lückenfüller im Staudenbeet.

Setzen Sie Zwiebeln an, die verwildern. Schneeglöckchen, Krokus, Blausternchen, Narzissen und viele andere Zwiebelgewächse sind dafür besonders gut geeignet. In einer Wiese gepflanzt, vermehren sie sich und breiten sich immer weiter aus. Damit die Pflanzung gleich zu Beginn naturnah aussieht, geben Sie die Zwiebeln in einen Korb und werfen sie diese mit Schwung auf die vorgesehene Pflanzstelle. Dort, wo eine Zwiebel hinfällt, wird sie gesetzt. Im Rasen werden dafür Rasenziegel ausgestochen, die Erde darunter gut gelockert, mit Kompost versorgt und die Zwiebeln hineingesteckt. Dann kommt der Rasen wieder darauf und wird festgetreten.

vor Kahlfrösten (strenger Frost ohne Schneedecke) wird die Pflanzstelle mit Kompost abgedeckt. Nach der Blüte bleiben die Zwiebeln entweder in der Erde oder werden nach dem Gelbwerden der Blätter herausgenommen und an einem trockenen, kühlen Ort bis zum Herbst aufbewahrt.

Das Einziehen der Blätter (Gelbwerden) ist wichtig, weil die Zwiebel dabei Kraft für die nächste Blüte tankt. Zu dieser Zeit sollte auch mit einem rasch wirkenden Flüssigdünger gedüngt werden.

Sommerblüher:
Dahlien, Gladiolen, Blumenrohr oder Knollenbegonien sind nur einige der schönen Knollen- und Zwiebelgewächse, die im Sommer blühen. Sie werden nach den Eisheiligen gepflanzt, denn sie sind nicht frostfest. Im Gegensatz zu den Frühlingsblühern benötigen Dahlien oder Begonien die ganze Saison über viele Nährstoffe. Schon beim Pflanzen sollte man Kompost und Langzeitdünger beimischen. Im Herbst werden die Knollen aus der Erde geholt, abgetrocknet und in einem kühlen Kellerraum überwintert.

Ein Stück Rasen ausstechen und Zwiebeln pflanzen – der Erfolg ist garantiert.

Etwas für Spezialisten, dafür aber einzigartig: Gewitterblume oder Herbstnarzisse (Sternbergia lutea) blüht im Herbst.

Duftende Beete – da macht die Nase Augen

Königin des Duftes: die Rose

Die Rose zählt weltweit zu den beliebtesten Kulturpflanzen. Seit Jahrhunderten wird sie in unzähligen Sorten gezüchtet. Ob als stolze Edelrose, als vielblütige Polyantharose, als Zwergrose, als Kletter- und Strauchrose oder seit einigen Jahren in Form der Englischen Rosen, die den Charme und Duft der Alten Rosen mit der Resistenz gegen Krankheiten der modernen Rosen vereinen. Rosen gibt es für alle Gelegenheiten. Der Trend geht derzeit zu den Alten Rosen, mit ihren großen Blüten, schwerem Duft und gesundem Blattwerk.

Alte Rosen blühen zwar nur einmal, dafür müssen (dürfen) sie nach der Blüte nicht zurückgeschnitten werden, denn im Herbst schmücken sie sich mit Hagebutten – quasi die Herbstblüte dieser historischen Gartenbewohner.

So werden Rosen gepflanzt

Rosen benötigen einen sonnigen Standort in luftiger Umgebung. Der Boden sollte tiefgründig sein, bei schwerem Boden etwas Sand bei-

Kletterrosen und Waldrebe (Clematis) sind ideale Partner. Beachten sollte man aber die farbliche Abstimmung.

Bodendeckerrosen blühen wunderbar und verhindern Unkrautwuchs.

• • •

Mulchen Sie jedes Jahr den Boden mit Rindenhumus, das verhindert Krankheiten.

• • •

Schneiden Sie bei Alten Rosen nie die verblühten Blüten ab – im Herbst gibt's dafür schöne Hagebutten.

• • •

Je weniger bei Kletterrosen die Schere zum Einsatz kommt, desto mehr Blüten gibt es.

Alte Rosen schaffen eine romantische Gartenatmosphäre.

• • •

Einmal gepflanzt, bringen sie jedes Jahr Blüten.

• • •

Vor allem Strauch- und Kletterrosen sind einfach zu pflegen.

Sternrußtau bei Rosen führt dazu, dass die Pflanzen im August schon ohne Blätter dastehen. Als Gegenmaßnahme hat sich Folgendes bewährt: Im Frühjahr eine dicke Schicht Rindenhumus auf dem Beet ausbreiten, im Herbst, nach dem Abfallen der Blätter, wird diese Schicht (mit den infizierten Blättern) entfernt und Kompost und kompostierter Rindermist aufgebracht. Im Frühjahr kommt dann frischer Rindenhumus auf das Rosenbeet. Damit werden Krankheitserreger weitgehend entfernt.

fügen. Gut kompostierter Rindermist als Humuslieferant gehört ebenfalls ins Pflanzloch, und auch Hornspäne als Startdünger für die ersten Monate sollten nicht fehlen.

Die beste Pflanzzeit ist der Herbst. Zuerst werden die Wurzeln etwas angeschnitten, die Äste bleiben bis zum Frühjahr unbeschnitten. Die Veredelungsstelle kommt bei den Rosen unter die Erde (etwa eine Hand breit). Die Wurzeln werden mit viel Wasser eingeschwemmt und anschließend angehäufelt. Die Äste, die noch aus der Erde herausragen, werden mit Reisig abgedeckt.

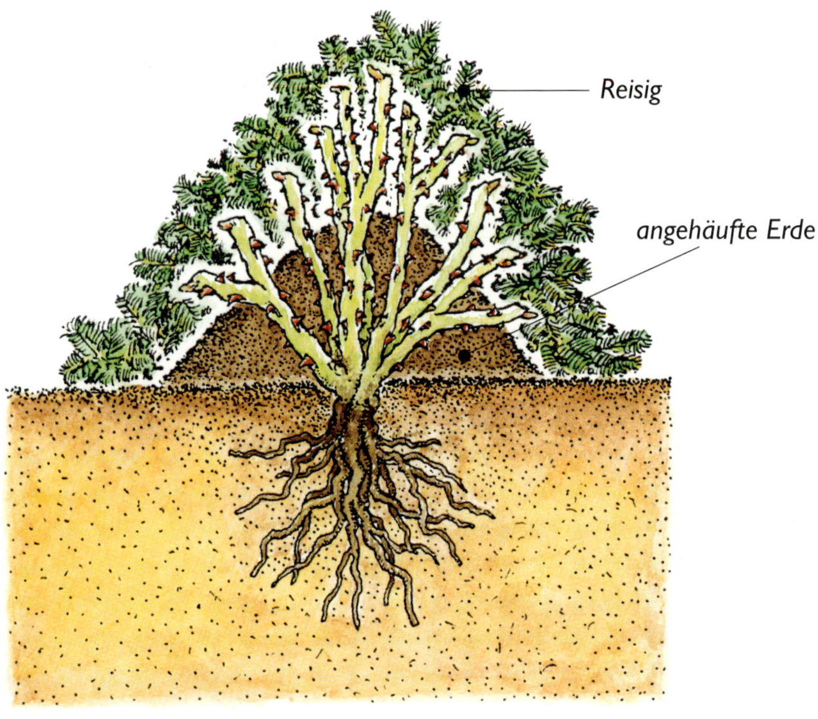

Rosen können allerdings nahezu das ganze Jahr über gepflanzt werden. Möglich ist dies durch Rosen im Blumentopf, die so genannten Container-Pflanzen. So können auch während des Sommers (wenn die meisten „intelligenten Faulen“ Urlaub haben) solch prächtige Blumenbeete entstehen.

Kaum Arbeit:
Die Königin blüht trotzdem …

Frühjahr

Im März das Reisig entfernen und etwas zurückschneiden. Den Boden mit Kompost versorgen (falls es im Herbst nicht schon geschehen ist) und mit Rindenhumus mulchen.

Sommer

Im Juni biologischen Langzeit-Rosen-Dünger im Wurzelbereich aufstreuen und leicht einarbeiten.

Herbst

Große Rosenstöcke etwas zurückschneiden, der eigentliche Schnitt erfolgt aber erst im Frühjahr! Büsche anhäufeln und mit Reisig abdecken. Keine Plastiksäcke als Winterschutz verwenden. Strauch- und Kletterrosen benötigen keinen Winterschutz, das Anhäufeln genügt.

Tipp

Beim Rosenschnitt werden oft große Fehler gemacht. Rosen sind kleine Sträucher und sollten es auch bleiben. Daher den Sommer über keinen zu radikalen Rückschnitt, das würde auf Kosten der Blüten gehen. Faustregel: Rückschnitt auf ein Außenauge auf das erste voll entwickelte Blatt unmittelbar nach dem Abblühen. Voll entwickelt ist ein Blatt in der Regel dann, wenn es aus fünf Teilblättern besteht. Der Hauptschnitt der Rosen erfolgt im Frühjahr: Das oberste Auge muss außen liegen, im Inneren des Rosenbusches sollte darauf geachtet werden, dass Licht und Luft hineinkönnen. Das hilft, Krankheiten zu vermeiden. Kränkliche und schwach wachsende Sorten werden stärker zurückgeschnitten. Die Rosen wachsen sich so „gesund“. Und nicht vergessen: Die meisten Alten Rosen werden im Sommer nicht geschnitten, denn sie setzen im Herbst wunderschöne Hagebutten an.

Wenn die Rosen gut eingepackt werden, kann selbst ein kalter Winter ihnen nichts anhaben …

… und einem neuen Rosensommer mit hunderten duftenden Blüten steht nichts mehr im Wege.

P. Bürger 99

Große Wasserflächen verringern die Rasenfläche (die man sonst mähen muss).

Im Teich gibt es kein Unkrautjäten.

Algen drohen, wenn der Teich zu flach und zu stark sonnenexponiert angelegt ist.

Je weniger Sie sich um einen Teich kümmern, desto besser wird seine Wasserqualität.

Wasser beruhigt.

Wasser verbessert das Kleinklima.

Wasser lockt viele nützliche Tiere (Kröten, Frösche) an.

Wer den Teich richtig anlegt, lässt die Pflanzen bis ans Wasser heran.

Wasser im Garten

Wasser beruhigt. Ob als Biotop, als glucksender Bach oder als kleiner Springbrunnen. Wasser bringt Entspannung nach einem Tag voller Stress. Wer einmal am Ufer seines Teiches gesessen und für Stunden das Tierleben beobachtet hat, wird verstehen, warum die Wasser-Oase im Garten ein solcher Hit geworden ist. Libellen, Frösche, Kröten und dutzende Wasserkäfer tummeln sich hier, ganz ohne Zutun des Menschen.

In einem natürlich angelegten Garten wird man dem Teich einen Platz im Halbschatten geben. Die pralle Sonne würde das Wasser zu stark erwärmen und zu verstärkter Algenbildung führen.

Vermeiden sollte man allerdings, den Teich in zu geringem Abstand zu Bäumen anzulegen. Auch in den Teich fallendes Laub würde zu Veralgung führen.

Es gibt viele Möglichkeiten, einen Teich abzudichten: Am natürlichsten wäre Lehm, besonders stabil ist Beton, am bequemsten aber sind die im Handel erhältlichen Teichfolien. Daher werden hier nur die Folien näher beschrieben.

So wird der Teich angelegt

Teiche bilden sich in der Natur in einer Vertiefung, daher sollte auch in einem Garten das Biotop an der tiefsten Stelle errichtet werden. Keinesfalls darf – wie bei einer Badewanne – der Rand aufgeschichtet werden. Im Gegenteil: Das Gelände muss sanft zum Ufer laufen. Das Aushubmaterial gehört also entweder abtransportiert oder darf an einer Seite des Teiches als natürlich wirkender und flach ansteigender „Hügel“ aufgeschichtet werden. Fingerspitzengefühl ist für die Arbeiten nötig. Vor Beginn des Aushubs wird die Grundform des Teiches mit Pflöcken ausgesteckt und mit Schnüren abgegrenzt. Verzichten Sie auf zu ausgefallene Grundrisse. Am natürlichsten wirkt eine sanfte Nierenform.

Zuerst werden die Rasensoden abgetragen. Ein Teil kommt auf den Kompost (oder wird für ein Hügelbeet verwendet), der Rest wird aufgehoben und dient später zum Abdecken der Folienränder.

Für das Ausheben des Teiches sollte man „Muskelmänner“ engagieren, der Ungeübte verliert sonst rasch die Freude an dieser Schwerarbeit, und man verringert während des Baus aus Bequemlichkeit die Tiefe.

Mindestens 80 bis 100 cm (oder mehr) sind aber notwendig, um eine übermäßige Erwärmung und damit Algenwuchs zu verhindern. Wichtig ist, dass schon jetzt „sanfte Formen" ausgehoben werden, vor allem keine steilen Ufer, damit flache Randzonen entstehen, in denen besonders viele, schöne Teichpflanzen gedeihen.

Tipp

Die Teichfolie sollte erst nach dem Ausheben der Grube bestellt werden. Das Messen geht am einfachsten so: An der breitesten und längsten Stelle wird eine Schnur exakt nach der Bodenform in den späteren Teich gelegt.

So kann die Folie leicht berechnet werden. Als Überstand addiert man einen halben Meter auf jeder Seite.

Füllen Sie Gerstenstroh in Kunststoffsäcke und stechen Sie einige Löcher in die Folie. Beschweren Sie den Sack mit Steinen und legen Sie ihn in den Gartenteich. Beim Zersetzen von Stroh benötigen die Bakterien Stickstoff. Diesen holen sie sich aus dem Wasser, was das Wachstum der Algen bremst. Im Herbst müssen Sie das Stroh allerdings unbedingt wieder entfernen, sonst kommt es im kommenden Jahr zum gegenteiligen Effekt.

Die Folie wird verlegt

Der Unterboden muss frei von scharfen Steinen sein. Zur Sicherheit sollte eine Schicht feiner Sand eingefüllt werden, eventuell auch ein Teichvlies. Darauf kommt die Teichfolie. Je stärker die Folie (erhältlich von 0,5 bis 1,5 Millimeter), desto geringer die Gefahr der Beschädigung. Die Preisunterschiede sind allerdings sehr groß.

Teichfolien gibt es auch in verschiedenen Farben. Neben schwarz werden sie auch grün, braun und sogar grau angeboten. Für einen Gartenteich ist Braun am unauffälligsten – dann muss der Boden nicht überall abgedeckt werden. Damit der Teich später nicht veralgt, muss schon beim Aufbau darauf geachtet werden, dass keine nährstoffreiche Erde für den Teichboden verwendet wird. Bewährt hat sich, Erde zu verwenden, die sich beim Ausheben der Grube an der tiefsten Stelle befand. Dort sind die wenigsten Nährstoffe enthalten. Die Erde ist mit grobem Kies oder größeren Steinen abzudecken, damit wird später ein Aufschwemmen verhindert. Teile der Folie können aber auch unbedeckt bleiben, denn nach einigen Monaten werden Algen und Pflanzenreste dies übernehmen. Beim ersten Füllen des Teiches sollte man aufpassen, dass nicht zu viele Schwebstoffe aufgewühlt werden. Am einfachsten geht das so: am Teichgrund einen Kübel aufstellen und den Schlauch hineinlegen. Dadurch fließt das Wasser langsam und ohne Druck ein.

Algen sind kein wirkliches Problem, wenn der Teich richtig angelegt wurde. Das Wichtigste: Lassen Sie dem Biotop Zeit.

Probleme mit Algen

Algen im Teich sind für viele Gartenbesitzer ein Alarmzeichen. Meist ist Panik aber nicht angebracht: Abfischen mit einem Netz ist ausreichend. Geschieht das immer wieder, wird sich bald ein natürliches Gleichgewicht einstellen. Stehen besonders viele und große Bäume im Umkreis des Teiches, so lohnt es sich, im Frühherbst ein Netz über den Teich zu spannen.

Schutz für Kinder

Kinder spielen gerne an Teichen. Da die Gefahr des Ertrinkens groß ist, eignet sich als Schutz ein stabiles Gitter. Es liegt fünf Zentimeter unter der Wasseroberfläche und ist fest verspannt. Sogar ein Erwachsener kann „über das Wasser" gehen. Die Pflanzen jedoch wachsen ohne Schaden hindurch.

Kein Teich ohne Seerose: Allerdings sollte die Wasserfläche nicht zu klein sein.

Pflanzen für den Teich

Ufer und seichtes Wasser

Blutweiderich *(Lythrum salicaria)*
Fieberklee *(Menyanthes trifoliata)*
Froschlöffel *(Alisma plantago aquatica)*
Gauklerblume *(Mimulus luteus)*
Schilfrohr *(Phragmites australis)*
Sumpfcalla *(Calla palustris)*
Sumpfdotterblume *(Caltha palustris)*
Sumpfiris oder Wasserschwertlilie *(Iris pseudacorus)*
Sumpf-Vergissmeinnicht *(Myosotis palustris)*
Wasserhahnenfuß *(Ranunculus aquatilis)*
Wasserknöterich *(Polygonum amphibium)*
Wasserminze *(Mentha aquatica)*
Wollgras *(Eriophorum scheuchzeri)*

Bis 50 cm und mehr Wassertiefe

Hornblatt *(Ceratophyllum demersum)*
Kleiner Rohrkolben *(Typha minima)*
Laichkraut *(Potamogeton natans)*
Seekanne *(Nymphoides peltata)*
Seerose *(Nymphaea spec.)*
Tannenwedel *(Hippuris vulgaris)*
Teichrose *(Nuphar pumila)*

Schwimmpflanzen/Unterwasserpflanzen

Froschbiss *(Hydrocharis morsus-ranae)*
Krebsschere *(Stratiotes aloides)*
Wasserhahnenfuß *(Ranunculus aquatilis)*
Wassernuss *(Trapa natans)*
Wasserschlauch *(Utricularia vulgaris)*

Teiche sind die Klimakammer des Gartens: Selbst bei großer Hitze ist es im Umfeld des Wassers angenehm kühl.

Der Bergmolch mit seinem orangefarbenen Bauch ist ein ganz seltener Bewohner von Gartenteichen.

Der Grasfrosch ist kein großer „Sänger". Im Gegensatz zum Laubfrosch hört man vom Grasfrosch nur ein leichtes Knurren.

Tiere für den Teich

Der Naturgärtner kann die Besiedelung getrost der Natur überlassen: Viele Tiere sind meist schon nach einigen Stunden am neu entstandenen Wasser, zum Beispiel Libellen. Wasserschnecken werden meist mit den Pflanzen eingeschleppt und Freund Frosch wartet nur darauf, eine neue „Eigentumswohnung" beziehen zu können. Goldfische sollten niemals in einem Gartenteich ausgesetzt werden. Sie fressen nicht nur Froschlaich, sondern verursachen durch ihre Ausscheidungen meist starkes Algenwachstum.

In Ausnahmefällen können in einem großen Teich heimische Fische, wie Bitterling, Moderlieschen oder Stichling eingesetzt werden. Bitterlinge benötigen allerdings zum Fortpflanzen Süßwassermuscheln. Interessant zu beobachten ist der Stichling: Er baut regelrechte Nester am Boden und fächelt dem Gelege mit der Schwanzflosse ständig Wasser zu. Besonders groß ist die Freude für Teichbesitzer, wenn dann plötzlich so seltene Tiere wie Berg-, Teich- oder Kamm-Molch auftauchen. Meist werden diese Amphibien beim Kauf von Wasserpflanzen in Spezialgärtnereien oder aber auch durch Wasservögel eingeschleppt, die den Laich zufällig an den Schwimmhäuten mitbringen.

Der Bach im Garten

Ein künstlich angelegter Bachlauf ist in einem Garten (neben einem Teich) eine besondere Attraktion, die sich ohne großen technischen Aufwand verwirklichen lässt. Ein Stück Rasen mit einem leichten Gefälle (etwa 2 bis 3 cm auf 1 m Bachlauf) reicht schon aus, um ein kleines Wiesenbächlein anzulegen. Beim Ausgraben soll auf sanfte, geschwungene Formen geachtet werden. Allerdings ist eine „grundlose" Biegung unnatürlich. Ein größerer Stein oder Strauch rechtfertigen jedoch eine Richtungsänderung.

Als Abdichtungsmaterial verwendet man am einfachsten Folienbahnen, die verschweißt werden. Der Bachboden muss mit Kies und Sand aufgefüllt werden. Je stärker das Gefälle, desto größer die Steine. Im Bachbett bleiben einige „Sprudelsteine" liegen, damit der Bach auch gluckst.

Beim Quellstein muss der Zulauf möglichst verdeckt werden, ein zu starker Strahl aus einem Schlauch wirkt wiederum unnatürlich. Läuft der Bach in den Teich, so kann die Pumpe gleich dort eingebaut werden. Sie sollte etwa 50 bis 100 Liter Wasser pro Minute transportieren. Die Motorleistung beträgt 70 bis 100 Watt.

Ob ein kleiner „Wildbach" oder auch bloß ein Wiesenbächlein – die naturnah bepflanzte Umgebung schafft die Einheit.

Jedes Stück Rasen, das durch andere Gestaltungselemente ersetzt wird, muss nicht gemäht werden.

Überall, wo Wasser fließt, gibt es weder Unkraut noch Algen.

Ein Bachlauf kann auch ohne Teich im Garten entstehen: Er „entspringt" einem unter großen Flusssteinen versteckten Fass mit einem festen Gitter oben auf, in dem sich die Pumpe befindet. Aufpassen heißt es aber im Sommer: Innerhalb von Stunden kann es zu großem Wasserverlust kommen. Eine automatische Wassernachfüllung (wie bei einem WC-Spülkasten) hilft hier, Schäden an der Pumpe zu verhindern.

Ein Bach bringt viele Tiere in den Garten, schafft Ruhe und Gemütlichkeit.

Zur Bewässerung:

Perlschläuche (aus alten Autoreifen) sorgen für eine gleichmäßige, Wasser sparende aber dennoch tiefgründige Bewässerung. Am besten werden die porösen Schläuche auf die gelockerten und bepflanzten Beete aufgelegt und mit Mulchmaterial abgedeckt. Diese Perlschläuche müssen im Winter nicht entfernt werden, weil durch die vielen kleinen Löcher das Wasser abfließen kann.

Beim Neuanlegen eines Gartens sollte man nicht verabsäumen, genügend Wasserhähne zu errichten. Ideal sind Pipelines, bei denen man an unter der Erde versenkten Wassersteckdosen im gesamten Gelände bequem zu Gießwasser gelangt.

Zeitschaltuhren an Beregnungsanlagen helfen, Wasser zu sparen, ohne dass man die gesamte Zeit zu Hause bleiben muss. Komfortgeräte sind sogar mit Feuchtigkeitsfühlern ausgerüstet, die tagelang alleine arbeiten und sich nur bei Bedarf einschalten.

Der Pumpschlauch muss aus festem Material sein und sollte neben dem Bachbett vergraben werden. Im Bachbett lassen sich nämlich etwaige Schäden nur schwer reparieren.

Die Uferbepflanzung kann mit Sumpfbeetpflanzen erfolgen. Oder aber man lässt der Natur freie Hand, denn in kurzer Zeit wird sich ein dichter, grüner Teppich bilden. So dicht, dass wahrscheinlich schon nach zwei Jahren das Bachbett „gejätet" werden muss, damit man das Wasser noch fließen sieht.

Der Regenwasserspeicher

Das kostbarste und beste Wasser für die Pflanzen kommt vom Himmel: das Regenwasser. Daher sollte so viel Regenwasser wie möglich gesammelt werden. Entweder in Holz- oder Kunststofffässern, die über Dachrinnen befüllt werden, oder in großen, vergrabenen Tanks, in die das Dachwasser fließt. Allerdings sollte hier zuvor ein Reinigungsschacht eingeplant werden, durch den das Wasser fließen muss und der gröbere Verschmutzungen herausfiltert. Auch ein Überlauf darf nicht vergessen werden. Im Handel gibt es bereits die unterschiedlichsten Systeme in allen Preislagen und

Tipp

Ein „Regenwasser-Brunnen" liefert immer weiches Wasser: Ein Ziehbrunnen wird über dem Sammelbehälter aufgestellt und das Brunnenrohr führt in die Zisterne. Über eine Abzweigung kann auch eine Pumpe angeschlossen werden, damit größere Wassermengen entnommen werden können.

Was als Steinwüste beginnt, wird nach kurzer Zeit zur Lebensader im Garten – der Bachlauf.

Ausführungen. Besonders einfach sind Behälter aus großen Kanalrohren (Durchmesser 150 bis 200 cm), die auf ein Betonfundament aufgesetzt und gut abgedichtet werden. Wichtig ist, dass man die damit verbundenen umfangreichen Erdarbeiten schon beim Hausbau erledigt, da nur schwere Baumaschinen die Grabarbeiten durchführen können.

Winterfeste Kübelpflanzen

Normalerweise gehört dies zum alljährlichen Ritual in vielen Gärten: Der Herbst zieht ins Land und die Kübelpflanzen „wandern“ in den Keller. Das macht Arbeit und ist deshalb nichts für die „intelligenten Faulen“. Manchmal springen wir Faulen aber doch über unseren Schatten und nehmen ein wenig Mühe auf uns: Dafür kommt südliches Flair mit Oleander, Palmen, Zitrus- oder Ölbäumen auf die Terrasse.

Wer standhaft faul, pardon, intelligent bleiben und dennoch Stimmung auf Terrasse oder Balkon zaubern will, hat die Möglichkeit, robuste, winterharte heimische Pflanzen in frostfeste Kübel und Töpfe zu setzen. Ahornarten (z.B. Japanischer Ahorn) oder Nadelgehölze (z.B. Eiben) überstehen den Winter im Topf. Allerdings nur dann, wenn der Standort nicht zu exponiert ist und auch im Winter wenigstens zeitweise gegossen wird. Wintergrüne Pflanzen benötigen nämlich auch während der kalten Jahreszeit von Zeit zu Zeit Wasser, denn über die Blätter oder Nadeln verdunsten sie weiter, wenn auch in eingeschränktem Umfang. Sie sollten außerdem auf absolut frostbeständige Pflanzgefäße achten.

Bei Tontöpfen schieben Sie dünne Holzleisten unter den Boden, damit die Töpfe nicht festfrieren und dadurch kaputtgehen. Und noch ein Tipp: Je größer das Pflanzgefäß (es muss ja nicht mehr weggetragen werden), desto größer die Chancen, dass die Pflanzen den Winter überstehen.

So wird gepflanzt

Das A und O für eine erfolgreiche Topfkultur von Gehölzen ist eine starke Dränageschicht aus Split oder Tongranulat. Darüber kommt als Filter ein Vlies, das ein Einschwemmen der Erde und damit ein Verstopfen der Ablauflöcher verhindert.
Als Substrat sollte ein Gemisch aus Gartenerde, Torf, Kompost sowie Substanzen zum Lockerhalten der Erde (Grober Sand, Styroporflocken, Tongranulat) untergemischt werden.

Bonsai (oben) haben eine ganz besondere Ausstrahlung. Allerdings ist die Pflege nicht ganz einfach. Kleine Bäume im Topf (unten), wie zum Beispiel ein Japanischer Ahorn, sind da schon viel genügsamer.

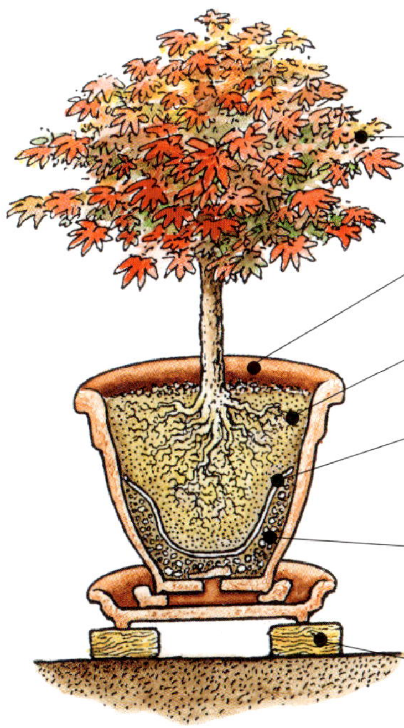

Ideen für einen intelligenten Gemüsegarten

Ein Gemüsegarten nach Plan

Kräuter sind die ideale „Einstiegsdroge“ – sie wachsen rasch und benötigen kaum Pflege.

Radieschen, Tomaten, Zucchini, Erdbeeren und Zuckermais gehören zur Grundausstattung.

Mulchen Sie den Boden immer ganz dicht – das spart Mühe.

Gemüse aus dem eigenen (Bio-)Garten ist gesund.

Aussäen, Anpflanzen und Ernten sind – so bestätigen Psychologen – höchst beruhigende Beschäftigungen.

Kein Gemüse ist schmackhafter als das selbst gezogene.

Ein Gemüsegarten macht mehr Arbeit als ein herkömmlicher Ziergarten. Daher sollte man gleich beim Anlegen darauf achten, eine optimale Raumaufteilung zu finden.

Der Plan zeigt einen kleinen Nutzgarten, in dem aber dennoch ein Gewächshaus und ein Frühbeet Platz finden. Nicht jeder wird sofort viel Geld für ein Gewächshaus investieren wollen, den Platz sollten Sie aber dennoch reservieren. Irgendwann kommt vielleicht doch die Lust aufs Gewächshausgärtnern. Das Frühbeet allerdings gehört unbedingt zu einem echten Gemüsegarten. Die Hauptwege sind gepflastert, damit auch bei schlechtem Wetter Gemüse geerntet werden kann. Kompost und Wasserstelle liegen in unmittelbarer Nähe. Die Beete sind in Nord-Süd-Richtung angelegt. So wird die Sonne den ganzen Tag über die Pflanzen bescheinen.

Bitte zugreifen: Obst im Garten macht Lust aufs Gärtnern.

Knackfrisches Obst und Gemüse

Haben Sie schon einmal an einem lauen Sommerabend erntefrische Tomaten mit frisch gepflücktem Basilikum genossen? Danach saftige Aprikosen und als Abschluss ein Glas Holundersekt!

Das sind die Momente, wo der Garten zum Paradies wird: Grillen zirpen, ein eifriger Igel schnaubt unter der Hecke, Glühwürmchen vollführen ihr weithin sichtbares Liebesspiel, ehe es dunkel wird …

Es hat sich also doch gelohnt, den Gemüsegarten anzulegen, die Obstbäume zu pflanzen, den Holunder in der Wildsträucherhecke zu platzieren.

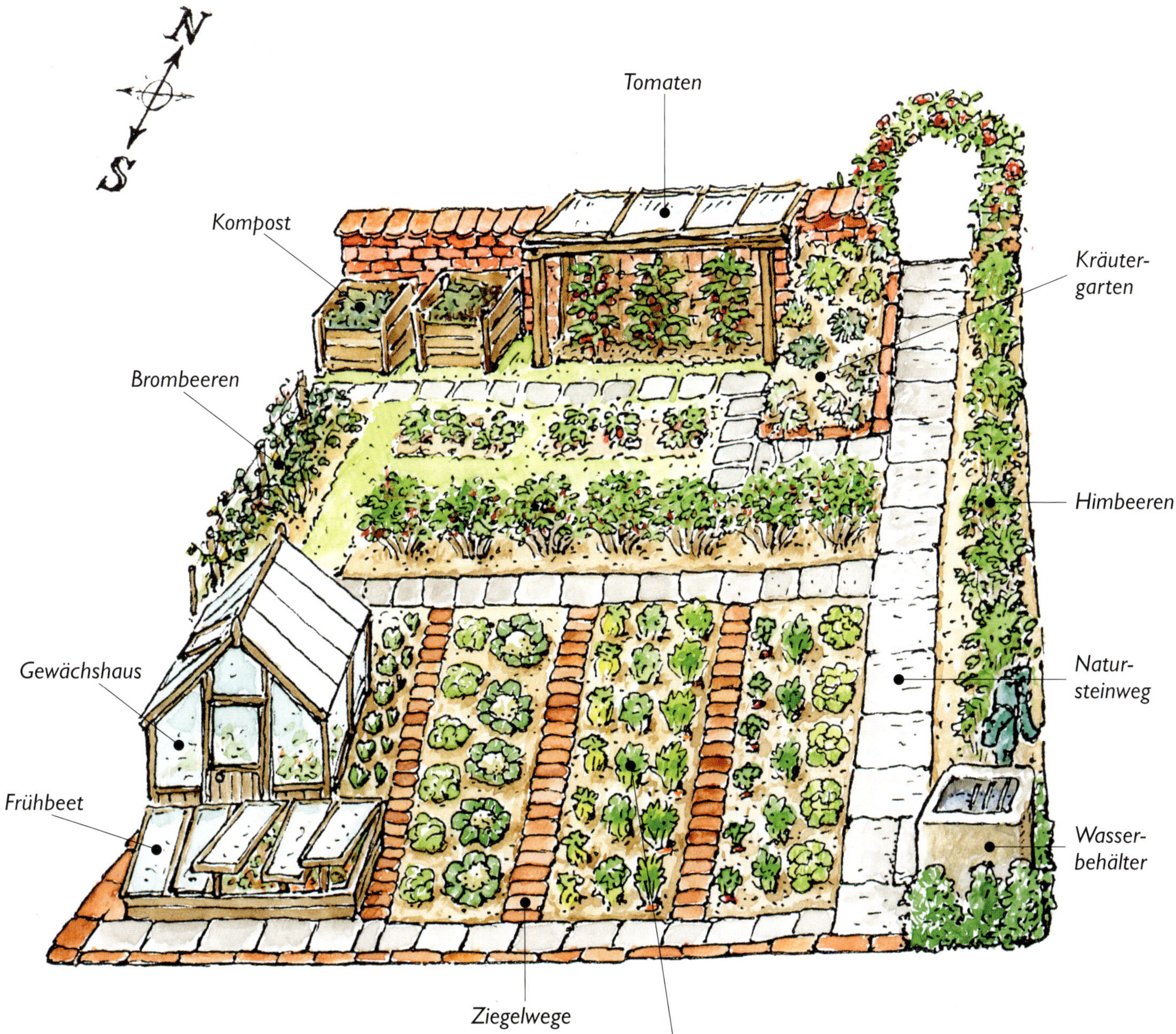

Gemüsebeete

Dennoch: „Zahlt sich ein Gemüse- oder Obstgarten aus?" ist eine häufig gestellte Frage. Ökonomisch gerechnet: nein. Ökologisch und aus Gründen des Wohlbefindens aber muss es heißen: ja, ja, ja!

Zierde und Nutzen verbinden sich besonders eindrucksvoll bei einer Streuobstwiese: Im Frühjahr ziehen die blühenden Apfel- und Birnbäume die Blicke auf sich, im Frühsommer ist es dann die Blumenwiese, und im Spätsommer locken die Bäume mit saftigen Früchten.

Ein besonders beliebter Bereich ist der Beerengarten. Selbst in kleineren Gärten lassen sich Himbeeren, Brombeeren, Heidelbeeren oder Johannisbeeren pflanzen. Im Vorübergehen laden die Beeren dann zum Naschen ein. Ein Garten, den nur Blumen schmücken, ist zwar schön anzusehen, doch auch bei der eigenen grünen Oase geht – ganz ohne Zweifel – „die Liebe durch den Magen". Die ersten Radieschen, die ein Kind aus seinem eigenen Beet erntet, bleiben unvergessen, ganz zu schweigen von Himbeeren, Johannisbeeren, Pflaumen oder anderen Früchten, die frisch vom Baum oder

Von Kindheit an mit der Natur in Kontakt – da lernen Kinder, dass das Obst nicht bloß aus dem Supermarkt kommt …

Strauch genascht werden. Ein Nutzgarten müsste eigentlich „Genussgarten" heißen, denn Gemüse und Obst aus dem eigenen Garten schmeckt am besten. Noch dazu, wenn man es biologisch zieht, also ohne chemische Spritzmittel oder Dünger.

Die Frage, ob sich Gemüsegärten lohnen, habe ich schon zu beantworten versucht. Dennoch möchte ich noch einmal darauf eingehen.

Kaum eine Baustelle eines Einfamilienhauses, wo nicht schon neben dem Rohbau ein paar Beete mit Gemüse angelegt werden. Kaum ein Balkon, wo nicht ein paar Töpfe mit Kräutern stehen, oder Bohnen an Bambusstäben hochranken. Und kaum jemand, der den Schritt zum frischen Gemüse aus dem Garten bereut. Dennoch lässt nach einigen Jahren oft der Elan im Gemüsegarten nach. Hauptgrund sind Missernten: Salat, der eher von Schnecken als von den Gärtnern verspeist wird, Tomaten, die ab Anfang August der Braunfäule zum Opfer fallen, oder Gurken, die über Nacht „der Schlag trifft".

Ähnliches auch im Obstgarten: Die Himbeeren fallen dem Rutensterben zum Opfer, die Kirschen werden von den Vögeln gefressen und die Aprikosenbäume erleiden das Schicksal der Gurken: Über Nacht gehen die Bäume ein. Zahlt sich der Gemüse- und Obstgarten also doch nicht aus? Ist er nicht geeignet für den „intelligenten Faulen"?

Doch: Wer geduldig ist, die Grundregeln des biologischen Gärtnerns beachtet, nicht mit Kanonen gegen Krankheiten oder Schädlinge vorgeht, und wer die Vorlieben der angebauten Pflanzen kennt, wird erfolgreich sein.

Tipp

Wenn Sie einen Gemüsegarten dort anlegen wollen, wo sich noch Rasen befindet, dann stechen Sie die Rasensoden ab und kompostieren Sie diese auf einem eigenen Haufen: Aufschichten, Gesteinsmehl und Hornspäne dazwischenstreuen, und in wenigen Monaten entsteht humusreiche Erde. Wird der Rasen bloß umgegraben, werden Drahtwürmer in den ersten Jahren für unerwünschten Besuch sorgen und die Wurzeln von frisch gesetzten Salatpflanzen abbeißen.

Ein Geheimtipp für bequeme Gärtner: Im Hochbeet wächst alles doppelt so schnell.

Bunte Vielfalt und reiche Ernte

Besucher, die in meinen Garten kommen, wundern sich immer, dass es möglich ist, „biologisch" zu gärtnern und dennoch schöne und gesunde Pflanzen zu haben. Der erste Eindruck – das sei hier offen gesagt – täuscht. Auch beim „Biogärtner" gibt es so manche Sorgenkinder, aber im Großen und Ganzen beschwert sich eigentlich nur meine Frau, wenn sie wieder einmal nicht weiß, wohin mit dem vielen Gemüse.

Biologisch gärtnern ist ganz leicht: Die Erde wird mit dem am Komposthaufen hergestellten Humus versorgt. Einmal im Jahr – am besten im Frühjahr – kommen etwa fünf Zentimeter Kompost auf die Beete, dann wird gepflanzt oder ausgesät.

Wer schon ein Profi ist, kann die Grundregeln der Mischkultur beachten. Anschließend wird noch gemulcht, also der Boden mit organischem Material bedeckt. Verwenden Sie im Gemüsegarten keinen Rindenmulch. Er würde den Boden übersäuern und außerdem die Nährstoffe binden. Besser ist es, die Erde mit Rasenschnitt zu bedecken, der meist in großen Mengen anfällt. Diese Bodenbedeckung nimmt dem Gärtner viel Arbeit ab: Er muss weniger

Na, schon Appetit? Ein knackiger Kohlrabi aus eigener Ernte stellt alles in den Schatten.

gießen und Unkraut jäten. Außerdem erzeugen die Regenwürmer aus dem Mulchmaterial hervorragende Erde und halten gleichzeitig den Boden locker.

Futter für die Pflanzen

Normalerweise benötigen Gemüsepflanzen nur Kompost und keinen zusätzlichen Dünger. Wenn jedoch die Pflanzen kümmern (z.B. gelbe Blätter haben), dann streuen Sie vor dem nächsten Mulchen Hornmehl aus. Noch rascher wirken die biologischen Blumendünger, die es mittlerweile in großer Vielfalt im Handel gibt.

So bleiben Tomaten gesund

Damit einer reichen Tomaten-Ernte nichts im Wege steht, ist Vorbeugen der wirkungsvollste Schutz vor der seit einigen Jahren stark um sich greifenden Braunfäule: Ideal ist ein Platz, wo kein Regen auf die Blätter gelangt, denn nur regelmäßig feuchte Blätter werden von der Braunfäule befallen.

Pflanzen Sie die Tomaten daher in große Töpfe und stellen Sie diese unter einen Dachvorsprung. Im Garten sollten Sie ein Schutzdach (aus

Die „Liebesäpfel" im Blumentopf: Da bleiben die Pflanzen gesund.

Nur wo Regen an die Pflanzen kommt, bricht die Tomatenkrankheit Braunfäule aus.

Da schmeckt man den Süden: Tomaten frisch vom Garten.

Plastikfolie oder alten Fensterflügeln) errichten. Verwenden Sie Tomatenstäbe vom Vorjahr nur dann, wenn Sie desinfiziert wurden, zum Beispiel mit Kupfervitriol. Geizen Sie die Tomaten aus. Das heißt: Entfernen Sie die Seitentriebe, die aus den Blattachseln wachsen - so wächst die Pflanze luftig. Gießen Sie nur von unten und mit temperiertem Wasser. Am besten, Sie graben direkt vor der Tomate einen großen Tontopf ein, in den beim Gießen das Wasser gefüllt wird. Bestäuben Sie die Blätter von Zeit zu Zeit dünn mit Urgesteinsmehl. Das verhindert den Befall von Pilzkrankheiten. Sollten dennoch Blätter von der Braunfäule befallen sein, entfernen Sie die Blätter sofort. Achtung: nicht auf den Komposthaufen, sondern über den Restmüll entsorgen!

Auf das Elternhaus kommt es an

Bei den Gemüsearten gilt, wie in anderen Bereichen auch: Das Elternhaus gibt vor, was aus dem grünen Gemüse einmal wird. Daher sollte der Gärtner sorgfältig seine Pflanzen und Samenpackungen auswählen, denn damit wird schon der

Paprika sind wärmebedürftig. Nur in geschützten Beeten werden sie reif.

erste Schritt für Erfolg oder Misserfolg gelegt. Einfach zu sagen, das alte Gemüse sei das bessere, stimmt nur teilweise.

Nehmen wir als Beispiel die Gurken: Mehltau, Krätze und Welke sind einige der Krankheiten, die den Pflanzen den Garaus machen. Besonders betroffen sind davon die älteren Sorten. Dank der Kunst der Züchter ist es gelungen, Sorten zu züchten, die Krankheiten weitgehend widerstehen. Und das ohne Genmanipulation. Einer der großen Vorteile (für Laien) ist die Jungfernfrüchtigkeit.

Die neuen (allerdings auch sehr teuren) Züchtungen setzen an allen Blüten eine Frucht an. Bleibt einzig das Problem der Welke, bei der Pflanzen wie von Geisterhand über Nacht absterben. Die Edelgurke zum Beispiel wird auf einem Feigenblattkürbis veredelt – solche fertigen Jungpflanzen werden schon vielerorts angeboten – oder die Gurken werden in größere Töpfe gesetzt und die Erde alljährlich erneuert.

Hügelbeet und Hochbeet: Superernten garantiert

Hügelbeete waren vor einigen Jahren der „Renner" in den Gärten: Keine Gartenillustrierte und kein Gartenexperte kam an diesem Thema vorbei. Mittlerweile ist es um die „Sensation" wieder ruhiger geworden. Dennoch sollte das Beet, das hoch hinaus will, nicht in Vergessenheit geraten. Gerade im Frühjahr sind die Hochbeete die ersten, die bestellt werden können. Der lockere Aufbau und das rasche Abtrocknen sorgen für ein Erwärmen der Erde schon im zeitigen Frühjahr.

Sonnenstrahlen werden auf den schrägen Außenseiten besser in Wärme umgewandelt als auf flachen Beeten. Besonders Wärme liebende Pflanzen wie Tomaten und Gurken gedeihen auf Hügelbeeten gut. Auch Sellerie, Blumenkohl und alle Salatsorten fühlen sich im „ersten Stock" des Gemüsegartens wohl.

Eigentlich ist ein Hochbeet nichts anderes als ein Hügelbeet „im Blumentopf". Das Hochbeet bekommt also außen herum eine Begrenzung. Sie kann entweder aus Rundhölzern gefertigt werden oder aus nicht zu schwachen Pfosten. Das Holz darf auf keinen Fall mit einer chemischen Holzimprägnierung behandelt worden sein.
Die Substanzen würden sich in der Erde ausbreiten und nicht nur das Wachstum der Wurzeln bremsen, sondern auch das Tierleben in der Erde empfindlich stören. In Gärten

Abfälle, die normalerweise auf dem Komposthaufen landen, bleiben gleich im Garten.

• • •

Wenn größere Mengen an Ästen (z.B. vom Heckenschnitt) anfallen, lassen sie sich so einfach verwerten.

• • •

Häckseln können Sie vergessen – die Natur macht im Hochbeet innerhalb von zwei, drei Jahren selbst aus stärkeren Ästen Kleinholz.

Einmal angelegt, hält ein Hügelbeet viele Jahre.

• • •

Die Pflege ist leicht – durch die Mulchschicht wächst kaum Unkraut.

• • •

Ernten ist ein Kinderspiel. Man braucht sich nicht einmal mehr zu bücken …

mit Wühlmäusen hat sich das Hochbeet besser bewährt als das Hügelbeet. Es lässt sich leicht durch ein engmaschiges Gitter, das am Boden eingelegt und auf die seitliche Beetbegrenzung genagelt wird, schützen.

Für ältere Menschen ist diese Beetform ideal: Ohne viel Bücken lässt sich das Erdreich bearbeiten, das Beet jäten oder das Gemüse ernten.

Besonders in neu angelegten Gärten wird durch das Hügel- und Hochbeet der Humusanteil innerhalb weniger Jahre stark vergrößert.

Noch ein Vorteil: An den Außenkanten des Hochbeetes lässt sich leicht eine Schneckenbarriere aus umgebogenen Blechstreifen anbringen.

Aufpassen heißt es nur im Sommer: Der lockere Aufbau führt dazu, dass die Erde sehr rasch austrocknet. Gutes Mulchen ist daher wichtig.

Gesunde Pflanzen in einem gesunden Boden – dann macht „Garteln" Spaß.

Hügelbeete sind vor allem in kleinen Gärten ideal. Außerdem lassen sich viele Gartenabfälle sofort verwerten und man erspart sich den Abtransport.

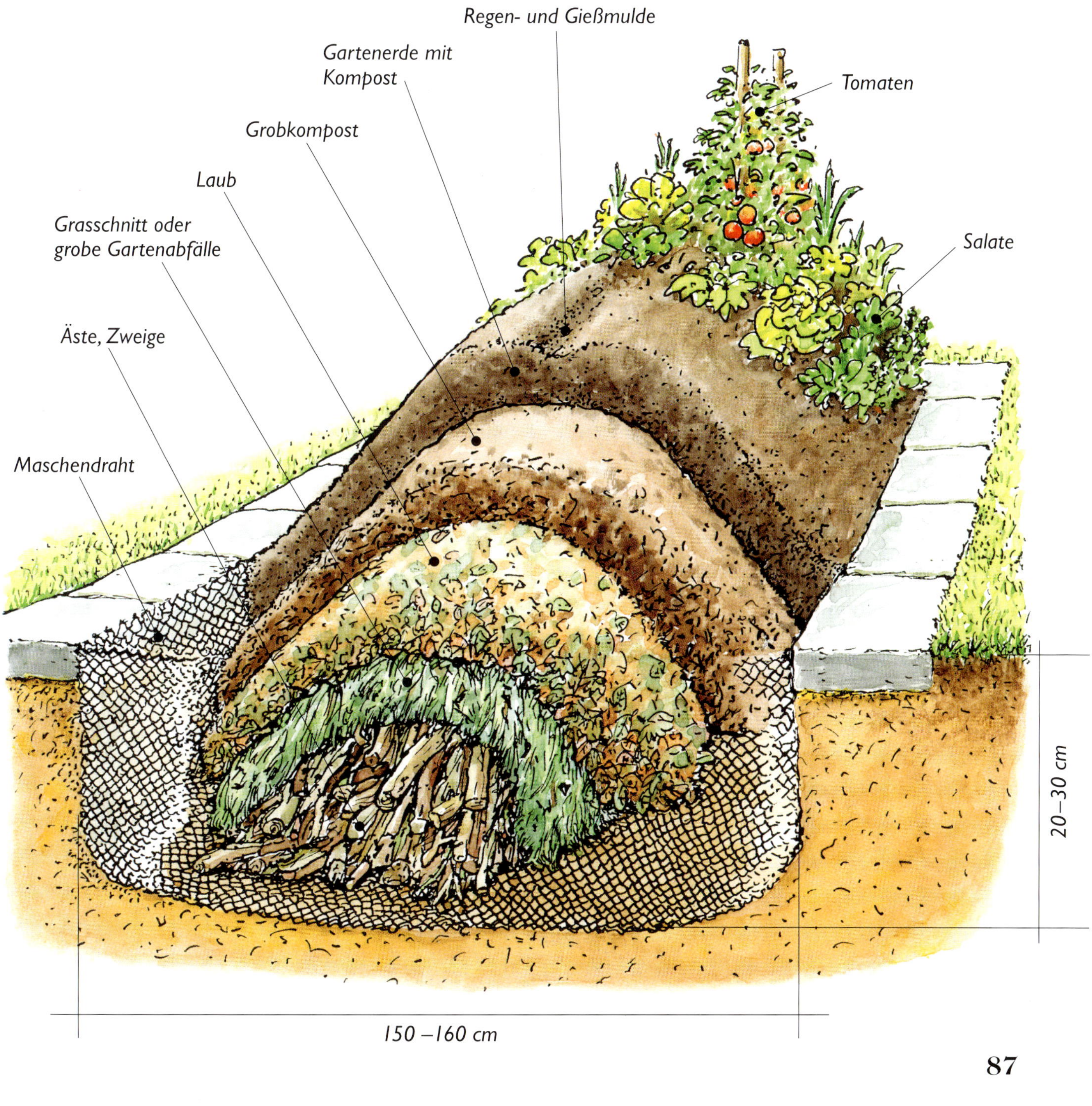
Regen- und Gießmulde
Gartenerde mit Kompost
Tomaten
Grobkompost
Laub
Grasschnitt oder grobe Gartenabfälle
Salate
Äste, Zweige
Maschendraht
20–30 cm
150 –160 cm

Pflanz- und Erntetabelle für die besten Gemüsesorten

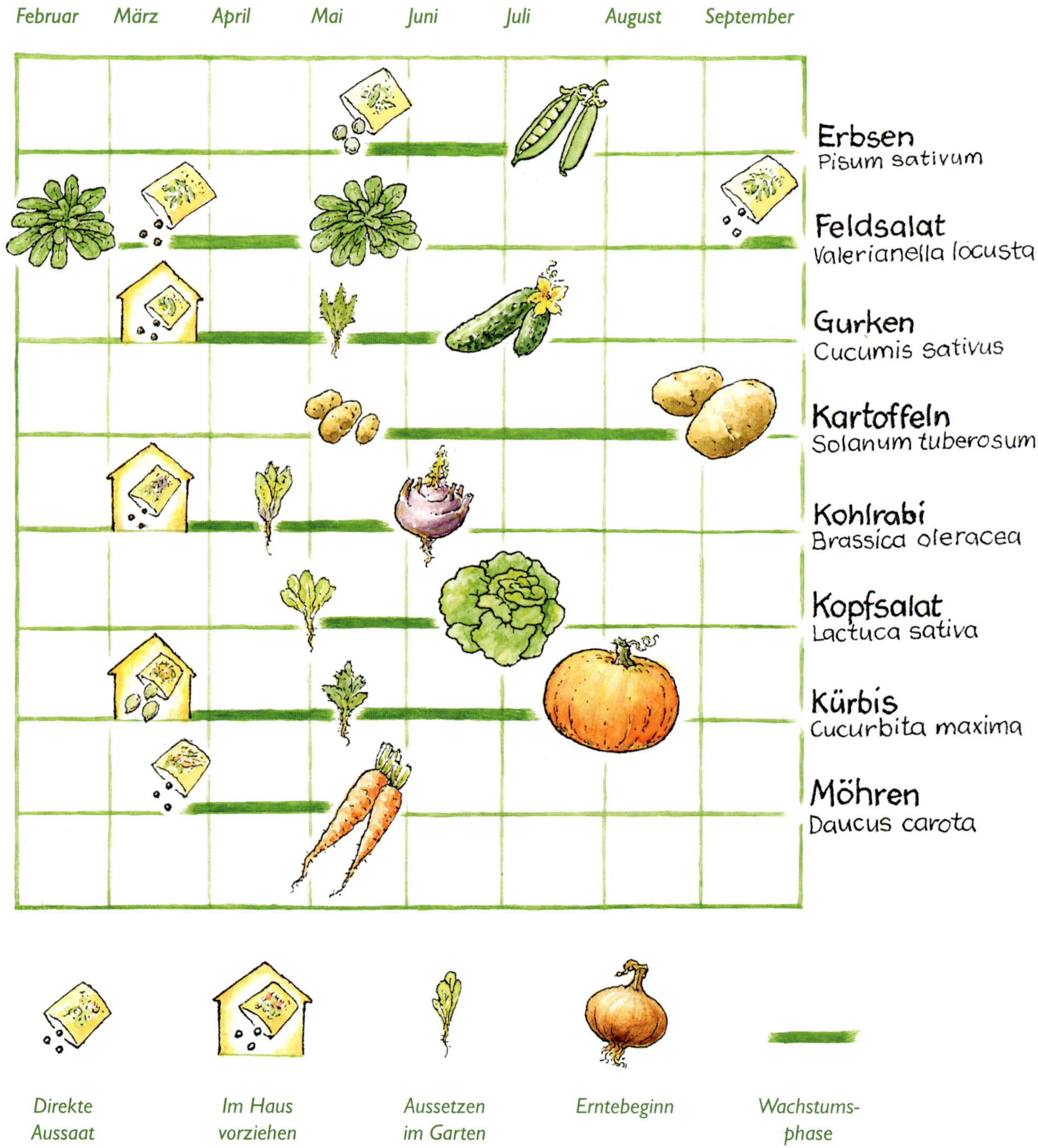

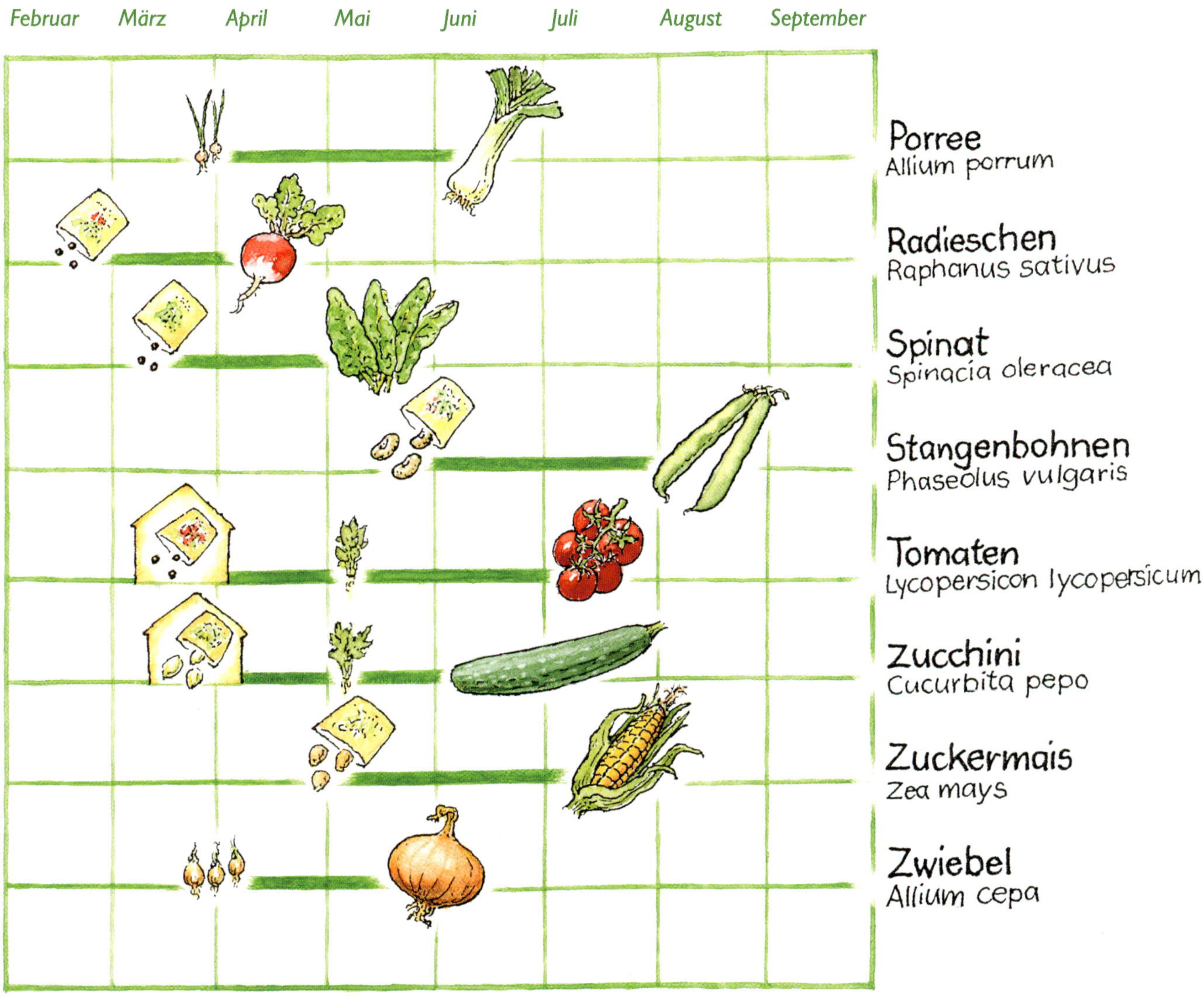

Gemüsegärten lohnen sich immer, denn wer möchte wohl auf die frischen Vitamine aus dem Garten verzichten? Die Tabelle zeigt, wann welches Gemüse ausgesät oder gepflanzt werden muss und wann mit einer Ernte gerechnet werden kann. Beachten Sie, dass viele Gemüsesorten extrem wärmebedürftig sind. Sie müssen daher entweder im Haus vorgezogen werden oder als Jungpflanzen gekauft und nach den Eisheiligen (Mitte Mai) im Garten ausgepflanzt werden. Eine wichtige Regel sollten Sie gerade im Gemüsegarten niemals vergessen: „Wer früh sät, wird spät ernten". Denn für die Pflanzen ist nichts schlechter als ein kalter Start ins Leben.

Säulenobstbäume (Ballerinas) müssen nicht geschnitten werden.

Eine Mulchschicht um den Stamm verhindert Unkrautwuchs und hält die Erde feucht.

Bäume im Topf können das ganze Jahr über gepflanzt werden.

Obstbäume benötigen wenig Pflege.

Wer krankheitsresistente Sorten wählt, hat weniger Probleme.

Pfirsiche, Aprikosen und Sauerkirschen wachsen als Spalier an der Hauswand gesünder.

Saftiges Obst, frisch vom Baum

Obstbäume haben in jedem Garten Platz – ob als Hochstamm auf einer großen Obstwiese, als Spalier an einer Hauswand oder auch nur als Minibaum in einem Blumentopf auf Balkon oder Terrasse. Obstbäume sind viel leichter zu pflegen, als man meint. Einzig der Schnitt bereitet vielen Hobbygärtnern Probleme. Ein Blick über die Schulter eines erfahrenen Gärtners oder der Besuch von Fachkursen helfen hier weiter. Einige Grundregeln finden Sie auf den folgenden Seiten.

So wird der Obstbaum gepflanzt

Obstbäume werden in zwei Arten angeboten: Im Blumentopf als sogenannte Container-Pflanzen, die das ganze Jahr über gepflanzt werden können, oder als wurzelnackte Pflanzen, die vor allem im Spätherbst und zeitigen Frühjahr angeboten werden.

Bei beiden Varianten werden die Bäume gleich nach dem Kauf in einen Kübel Wasser gestellt. Die Vorbereitung der Pflanzstelle ist wichtig, denn je perfekter sie vorbereitet wird, desto weniger muss man sich später um den Baum kümmern. Das Loch sollte etwa 80 bis 100 cm im Durchmesser und gut 60 cm in der Tiefe haben. Bei einem Obstbaum ist die Breite wichtiger als die Tiefe, denn mit Ausnahme der Birne, die eine Pfahlwurzel bildet, sind alle Obstbäume Flachwurzler. Achten Sie beim Ausheben der Erde darauf, dass die oberste Humusschicht auf einen getrennten Haufen kommt. Die unteren Erdschichten werden gut mit Kompost vermischt.

Bei Containerpflanzen kann sofort gepflanzt werden, bei Bäumen ohne Topf werden zuerst die Wurzeln angeschnitten, bevor sie ins Pflanzloch kommen. Handelt es sich um größere Bäume, sollte jetzt noch ein Pfahl eingeschlagen werden. Und noch etwas Wichtiges: Die Veredelungsstelle (Stammverdickung über den Wurzeln) darf nicht unter die Erde. Zum Abschluss wird die Erde etwas festgetreten und kräftig angegossen.

Die wichtigsten Schnittregeln

Jede Baumkrone benötigt viel Luft und Licht, dadurch können Krankheiten von vornherein vermieden werden. Eine alte Obstbaumschneide-Regel lautet, die Äste sollten so weit auseinander liegen, dass man einen Hut durch die Baumkrone werfen kann. Geschnitten wird an einem frostfreien Tag im Spätwinter (Februar oder Anfang März) auf ein Außenauge. Beachten Sie aber: Je stärker man einen Baum schneidet, desto stärker wächst er. Als Haupttrieb darf nur ein Leitast stehen bleiben, der Konkurrenztrieb wird entfernt. Die Seitenäste bleiben alle 20 bis 50 cm (je nach Baumform) in Etagen stehen. Betrachtet man nach dem Schnitt die Baumkrone, sollte sie die Umrisse einer Pyramide haben.

Stammanstrich gegen Schädlinge

Bereits im Herbst werden die Stämme der Obstbäume mit einer Wurzelbürste gereinigt und anschließend mit einer Lehmbrühe eingestrichen. Die Zubereitung: 1 Kilo Lehm, 1 Kilo Kuhmist, 100 g Steinmehl, 1 Liter Schachtelhalmtee und etwas Wasserglas gut vermischen, einige Tage stehen lassen und mit einem Pinsel den Stamm bis in eine Höhe von 1,5 m einstreichen.

Frostschäden vermeiden

Frostschäden an Obstbäumen kann man vermeiden, wenn man im Herbst oder ganz zeitig im Frühjahr (es muss noch kalt sein) die Stämme mit Kalk anstreicht. Nach der Frostperiode Schäden sauber ausschneiden und mit Baumwachs verstreichen, da sich sonst Schädlinge ansiedeln.

Legen Sie bei jungen Bäumen immer eine sogenannte „Baumscheibe“ an. Das ist jene unbewachsene Fläche, die sich im Umkreis von etwa 1 bis 1,5 m rund um den Stamm befindet. Auf ihr werden im Herbst Kompost und verrotteter Mist verteilt, im Sommer wächst dort die Kapuzinerkresse. Sie beschattet die Erde, verhindert Lausbefall der Bäume sowie, zusammen mit der Mulchschicht, ein übermäßig starkes Austrocknen der Erde.

Ein Ohrwurmhaus gegen Läuse

An allen meinen Obstbäumen werden im zeitigen Frühjahr so genannte „Ohrwurmhäuschen“ angebracht: Das sind Tontöpfe, die mit einer Schnur kopfüber aufgehängt werden. Sie werden mit trockenem Gras oder, noch besser, mit Holzwolle gefüllt.

Wer große Äste abschneidet, sollte die Wunde gut versorgen – die glatten Außenkanten sind besonders wichtig.

Obstbäume bleiben garantiert ohne Blattlausinvasion, wenn man rechtzeitig ein Ohrwurmhäuschen aufhängt.

Ein normaler Tontopf, gefüllt mit Holzwolle, ist als Unterkunft für die „Blattlaustiger“ ausreichend.

Nach der Ernte werden Erdbeerstauden „abgemäht", also alle Blätter beseitigt. So kann man alle Ausläufer entfernen (und für ein neues Erdbeerbeet nutzen) und die alten Pflanzen mit Kompost, Steinmehl und Hornspänen versorgen. Dieser Dünger ist wichtig, denn schon im Herbst bereiten die Erdbeeren die Blütenansätze für das kommende Jahr vor.

• • •

Erdbeeren faulen nicht, wenn man zwischen die Pflanzen Knoblauch setzt.

• • •

Im Juli, wenn die Erdbeeren Ausläufer („Kindel") treiben, stellen Sie mit Erde gefüllte Blumentöpfe in das Erdbeerbeet. Mit kleinen Drahtbögen befestigen Sie die an den Ausläufern wachsenden kleinen Erdbeerpflanzen. Sie treiben schon nach wenigen Tagen Wurzeln. Entweder legen Sie ein neues Erdbeerbeet an oder Sie verschenken die so gewonnenen Jungpflanzen.

Leimring gegen Frostspanner

Anfang Oktober bekommen alle Obstbäume eine „Halskrause" gegen den Frostspanner. Das ist nichts anderes als ein mit Leim bestrichener Kartonstreifen, der um die Stämme gelegt und mit einem Draht oben und unten fest angebunden wird. Den Leimring kann man fix und fertig kaufen. Er ist eine wirkungsvolle Maßnahme gegen Schädlinge.

Köstliche Beeren in allen Sorten

Beerensträucher sind in meinem Garten Erfrischungsstationen und gleichzeitig Vitaminspender: Ob Himbeere oder Johannisbeere, ob Stachelbeere oder Brombeere – die saftigen Früchte eignen sich zum Naschen, lassen sich hervorragend einfrieren, und wir erinnern uns auch noch an kalten Wintertagen an die schönen Sommertage.

Jede Beerenart hat ihre spezielle Kulturform und stellt ganz besondere Ansprüche an Boden und Standort.

Erdbeeren – die süßesten Früchte

Die Erdbeere ist die wohl am meisten angebaute Beerenfrucht und wächst besonders leicht und unproblematisch. Erdbeeren werden immer drei Jahre auf einem Beet kultiviert, daher muss der Boden gut vorbereitet werden.

Am besten beginnen wir damit schon im Herbst davor. Den Boden lockern, mit Kompost oder biologischem Langzeitdünger (z.B. Hornspäne) versorgen. Die Erdbeeren am besten im August in Reihen pflanzen: Auf einem 100 cm breiten Beet haben zwei Reihen Platz. Der Abstand zwischen den Pflanzen sollte etwa 30 cm betragen. Anschließend mit Grobkompost mulchen, auch Nadelstreu hat sich als Bodenabdeckung bewährt.

Ideale Partner im Beerengarten: Erdbeeren und Knoblauch

Himbeere – Köstlichkeiten in Augenhöhe …

Himbeeren werden am einfachsten am Rand des Gartens in einem Beet kultiviert, das eine eher „saure Bodenreaktion“ aufweist.

Beim Anlegen sollte daher schon Rindenhumus und Kompost eingearbeitet werden. Zum Abdecken der Erde verwenden Sie immer Rindenmulch (ca. 10 cm dick auftragen). Diese ständige Bodenfeuchte wirkt sich gut auf das Wachstum der Pflanzen aus. Die Himbeerruten stehen zwischen vier Pflöcken, die mit Draht verbunden sind.

Nach der Ernte müssen alle abgetragenen Ruten bodeneben abgeschnitten werden. Auch alle dünnen Äste kommen weg, nur kräftige und gesunde Himbeerruten bleiben stehen.

Der Abstand zwischen den Ruten sollte etwa 20 bis 25 cm betragen. Damit vermindert man die Gefahr der Rutenkrankheit.

In Gärten, in denen die Rutenkrankheit alljährlich die Triebe regelrecht dahinrafft, sollten herkömmliche Himbeeren nicht mehr angebaut werden. Versuchen Sie einmal die Sorte ‘Autumn Bliss’. Die Ernte beginnt zwar erst im August, dauert aber bis zum Oktober. Diese Herbst-Himbeere ist robust und pflegeleicht, denn alle Äste werden im Spätherbst bis zum Boden abgeschnitten. Im Gegensatz zu den üblichen Himbeeren fruchtet ‘Autumn Bliss’ auf den einjährigen Trieben. Selbst im Topf lässt sich diese Sorte für einige Jahre ziehen.

Wer einmal frische Brombeeren gegessen hat, wird nicht mehr von dieser Köstlichkeit loskommen.

Brombeeren – saftig und robust …

Brombeeren sind die Giganten unter den Beeren, was ihr Wachstum betrifft. Hält man eine Brombeere nicht im Zaum, so wird sie innerhalb kürzester Zeit ein wildes Dickicht bilden. Daher muss auch der Pflanzabstand etwa drei bis vier Meter betragen. Im Herbst werden immer jene Ruten entfernt, die getragen haben.

Eine Bodenabdeckung mit Mulchmaterial soll waldähnliche Verhältnisse schaffen: Rindenmulch, Holzhäcksel oder auch Nadelstreu sind ideal dafür.

Johannisbeeren – sauer macht lustig …

Die Johannisbeere gehört zu den ältesten Beerenfrüchten im Hausgarten. Selbst in alten Bauerngärten fand man sie bereits. Die Sträucher sollten an einem sonnigen Platz stehen, in einem lockeren und humusreichen Boden. Jährlich im Herbst erhalten die Sträucher verrotteten Stallmist und Kompost als Mulchdecke. Niemals darf im Bereich der Johannisbeeren umgestochen werden. Die Pflanzen wurzeln nämlich sehr flach. Daher ist aber auch im Sommer eine Mulchdecke günstig, denn sie schützt die Erde vor dem Austrocknen.

Stachelbeeren – ideal für Naschkatzen …

Stachelbeeren werden fast genauso kultiviert wie Johannisbeer-Sträucher. Sie benötigen ein sonniges Plätzchen, gedeihen aber auch noch im Halbschatten recht gut. Auch hier sollte der Boden mit Rindenmulch abgedeckt werden. Kompost und gut verrotteter Rindermist sind ebenfalls günstige Nährstofflieferanten.

Tipp

Johannisbeeren entwickeln besonders viele Seitentriebe, wenn sie beim Pflanzen etwas tiefer eingegraben werden, als sie in der Baumschule standen.

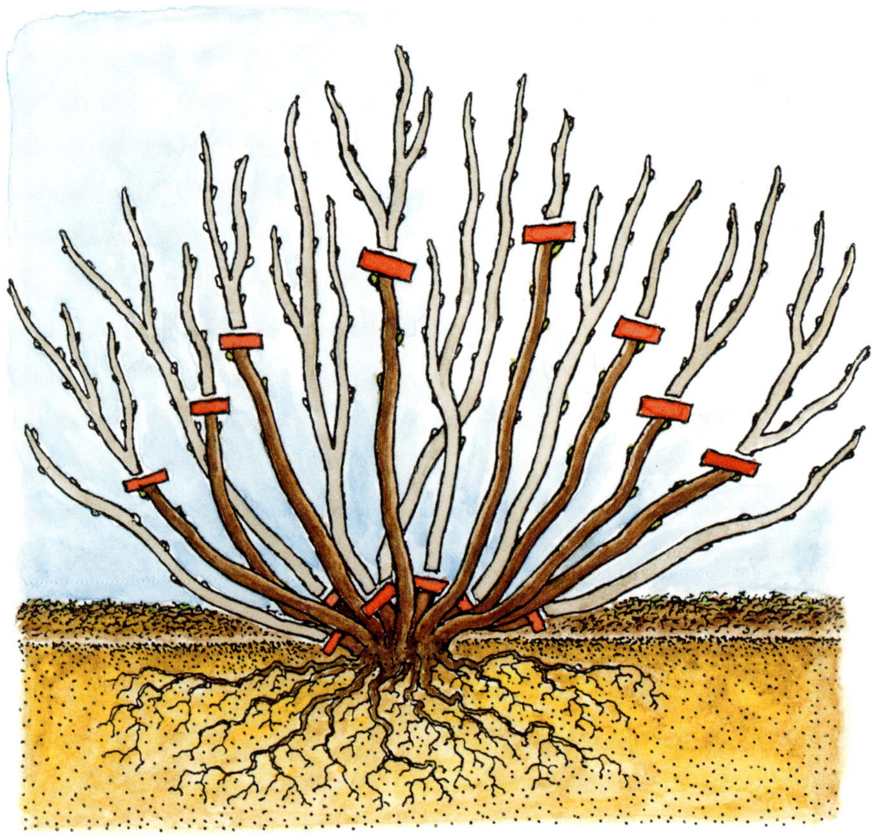

Tipp

Mehltau sorgt bei Stachelbeeren oft für eine Missernte. Im Herbst sollten bei befallenen Sträuchern immer die Triebspitzen entfernt werden, denn dort befinden sich die Pilzsporen. Schon vom zeitigen Frühjahr an muss die Stachelbeere dann noch mit Schachtelhalmtee gespritzt werden. Die Kieselsäure stärkt die Pflanzen.

Alljährlich im Herbst sollten ältere Triebe herausgeschnitten werden, die kräftigen Jungtriebe setzen dann wieder viele Früchte an.

Die „Apotheke" des Gärtners: Kräuter

Ein Gartenparadies ohne Kräuterecke gibt es nicht. Kräuter liefern nicht nur Würze für die Küche, sie sind auch die „Apotheke" des Gärtners – schon seit Jahrhunderten.

Fast alle Küchen- und Heilkräuter sind „Sonnen"-Kinder, sie benötigen viel Wärme und Licht, um die heilenden und würzenden Substanzen in großen Mengen auszubilden.

An den Boden stellen die Kräuter keine großen Ansprüche. Je karger, desto lieber. Keinesfalls soll eine Käuterecke an einer besonders nährstoffreichen Stelle des Gartens errichtet werden. Die Pflanzen würden nur ins „Kraut" schießen und kaum Aroma entwickeln. Sie sind auch eher sparsam zu düngen.

Mein Kräutergärtchen liegt nicht allzu weit vom Haus entfernt. So ist der Weg von der Küche zu den aromatischen Pflanzen nur ein kurzer. Kräuter können natürlich auf einem eigenen Beet zusammengepflanzt werden. Für einen naturnahen Garten ist es jedoch viel passender, sie im ganzen Garten oder zwischen anderen Pflanzen in Mischkultur zu verteilen (siehe Tabelle „Freund und Feind").

Kräuter lieben das Gesellige und stärken durch ihre ätherischen Öle andere Pflanzen. Außerdem verjagen sie Schädlinge oder verhindern Pilzerkrankungen. Besonders bewährt hat es sich zum Beispiel, einige Kräuter am Beetende anzusetzen. Sie sind so nicht nur leicht erreichbar, es sieht auch hübsch aus. Manche Kräuter lassen sich auch für einige Zeit auf die Fensterbank holen. Im Spätwinter kann so zum Beispiel der erste Salat mit „Eigenbau"– Schnitt-

Kräuter benötigen kaum Pflege.

• • •

Viele der aromatischen Pflanzen sind Hitze und Trockenheit gewohnt – sie brauchen also nicht extra gegossen zu werden.

• • •

Selbst Kräuter im Topf lassen sich leicht kultivieren - ideal für Terrasse und Balkon.

Kräuter entfalten nur frisch geerntet ihr volles Aroma.

• • •

Zier- und Nutzpflanze in einem – das sind Kräuter.

• • •

Viele der duftenden Pflanzen helfen (ohne unser Zutun) bei der Schädlingsabwehr.

lauch gewürzt werden. Nach einigen Wochen kann der Stock in den Garten gepflanzt werden. Im Herbst, nach dem ersten Frost (das ist wichtig!) ausgraben, eintopfen und kühl stehen lassen. Erst dann wieder ins warme Zimmer holen. Auch im Blumenkasten am Balkon lassen sich Kräuter recht gut ziehen. Man sollte darauf achten, keinesfalls zu viel zu düngen.

Schnittlauch wird immer mit Kaffeesatz gedüngt. Das schafft den idealen Boden. Vor dem Winter die Stöcke ausgraben und mit den Wurzeln nach oben auf das Beet legen. Erst im Frühjahr werden die Pflanzen umgedreht und neu gepflanzt. Schnittlauch wächst durch diesen „Frostreiz" wesentlich besser.

Die Ernte der Kräuter sollte in den späten Morgenstunden erfolgen, wenn der Tau schon abgetrocknet ist, die Blätter aber noch prall mit Saft gefüllt sind.

Zimmerkultur – Nach meinen Erfahrungen eignen sich folgende Kräuter besonders für die Kultur im Zimmer – vor allem während der Wintermonate: Basilikum, Kerbel, Kresse, Petersilie, Rosmarin, Schnittlauch und Zitronenmelisse.

Wer Knoblauch liebt, aber den unangenehmen Mundgeruch nicht schätzt, sollte als Würze „Waldknoblauch" *(Alliaria petiolata)* versuchen. Nicht der allseits bekannte Bärlauch ist gemeint, sondern die Knoblauchrauke. Die Blätter enthalten Senföle, wie der Knoblauch, verursachen aber keinen „Nachgeschmack". Das Kaut wuchert im Halbschatten unter Sträuchern.

Estragon gibt es in zwei Sorten, hat mir einmal eine alte Bäuerin erklärt: Der robuste, russische hat weniger Aroma als der französische. Beim Kauf sollte man die Blätter reiben und daran riechen.

Tomaten und Petersilie sind ideale Mischkultur-Partner. Deshalb sollte man die Petersilie auch dort anbauen, wo später die Tomaten-Pflanzen gesetzt werden. Bei Topfkultur von Tomaten hat sich Petersilie als „Bodendecker" im Blumentopf bewährt.

Auf der Fensterbank beginnt das Kräuterjahr: Schnittlauch und Petersilie sind ideal.

Kräuter gegen Ungeziefer und Schädlinge

Basilikum: Fliegen und Mücken
Beifuß: Erdflöhe, Kohlweißling
Bohnenkraut: Läuse
Boretsch: Kohlweißling
Kapuzinerkresse: Raupen und Schnecken
Kerbel: Ameisen, Schnecken, Läuse
Knoblauch: Raupen, Schnecken
Lavendel: Ameisen, Läuse
Meerrettich: Kartoffelkäfer
Pfefferminze: Ameisen, Erdflöhe, Kohlweißling
Ringelblume: Kohlweißling
Salbei: Kohlweißling, Möhrenfliege, Läuse, Raupen, Schnecken
Schnittlauch: Mehltau
Thymian: Kohlweißling, Läuse, Raupen, Schnecken
Wermut: Ameisen, Erdflöhe
Ysop: Läuse, Raupen, Schnecken

Die wichtigsten Kräuter und ihre Vorlieben

Auch Kräuter stellen gewisse Ansprüche an den Boden. Manche lieben einen eher trockenen Standort, manche eher einen feuchten. Gerade bei Kräutern sind die Hinweise auf die Bodenverhältnisse aber nur Richtwerte, denn diese Pflanzen sind äußerst genügsam und passen sich schnell den Gegebenheiten an. Je karger der Boden aber ist, desto intensiver sind die Inhaltsstoffe, also die heilenden oder würzenden Substanzen.

Die wichtigsten Kräuter und ihre Vorlieben

Die Tabelle zeigt übersichtlich, wo sich die jeweiligen Pflanzen wohl fühlen. Beachten Sie bei der Anlage von Kräuterbeeten auch die Wuchshöhe. Damit bieten Sie den Pflanzen möglichst viel Licht und ermöglichen ihnen gesundes Wachstum. Gleichzeitig wird auch die Ernte erleichtert.

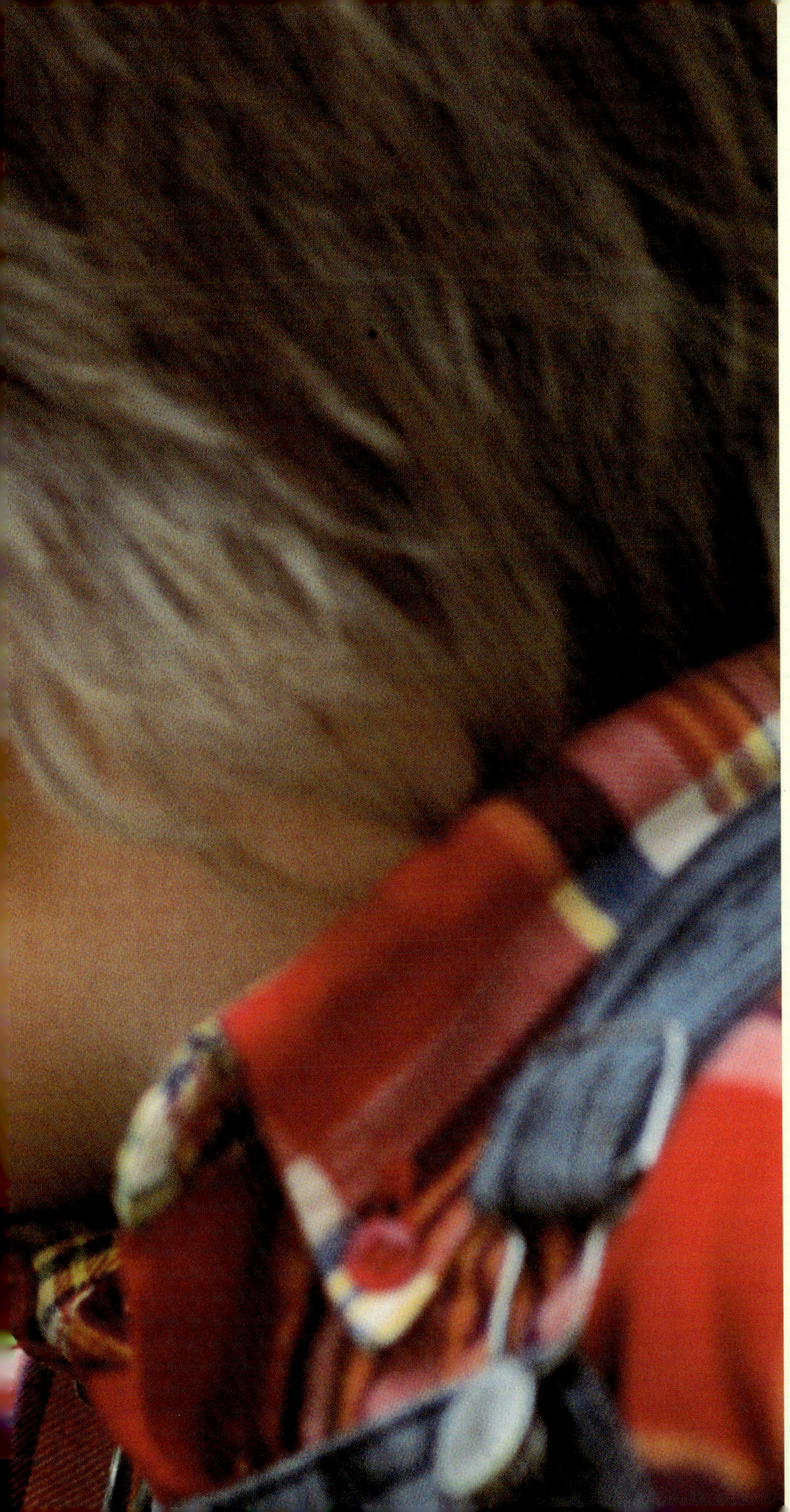

Ideen für den intelligenten „Kinder“garten

Der intelligente „Kinder"garten

Kinder – Tiere – Blumen: Im Garten für intelligente Faule ist Platz für alle – ein Miteinander, wo das Spielen Freude macht.

„Sei vorsichtig, da sind die Rosen!" „Aufpassen, nicht ins Tulpenbeet steigen!" „Achtung, nicht die Pfingstrosen abbrechen!"

Hat Ihre Kinderzeit im Garten auch so ähnlich begonnen? Nur wenigen Kindern ist das Glück beschieden, in einem Haus mit großem Garten aufzuwachsen. Noch weniger Kindern ist es aber beschieden, den Garten auch als solchen zu erleben. Noch heute hagelt es sofort Verbote – die Pflanzen sind offenbar mehr wert als die kleinen Menschen.

Gibt es nun „Kinder"gärten im wörtlichen Sinn? Natürlich, denn Gärten wachsen mit den Bewohnern des Hauses mit. Meist ist es zuerst nur ein Stück Grün rund um das neu erbaute Wohnhaus. Dürftig ausgestattet, weil das Geld für die Gartengestaltung fehlt.

Für Kinder aber ist das die schönste Gartenzeit. Da noch ein Sandhaufen von der Baustelle, dort noch ein Schlammloch, wo die großen Lastwagen immer gewaschen wurden und am Rand das Dickicht der alten Sträucher, die die Erdarbeiten überlebt haben. Spielplätze in Hülle und Fülle. Dann kommt die nächste Phase des Gartens: Die Geldbörse wird dicker, die Ideen umfangreicher, und so wird gestaltet: Wege, Plätze, Beete, Sträucher, Bäume – ach: Jetzt gibt es keinen Platz mehr für die Sandspielkiste und die Schaukel. Vom Fußballplatz ganz zu schweigen …

Letzte Phase im Leben eines Gartens: Bäume und Sträucher sind gewachsen und haben aus dem Stück Grün ein Dickicht entstehen lassen. Der alternde Besitzer ist nicht unglücklich darüber, denn da und dort zwickt es bereits und so bleibt genug Zeit, den kleinen Park zu genießen …

Bis die nächste Generation kommt, den Garten rodet, das Haus umbaut und nur einige Sträucher am Rande die Bauarbeiten überleben – endlich wieder Zeit für die Kinder.

Eine Sandkiste der anderen Art

Kinder lieben es, mit unvollkommenen Dingen zu spielen: Sandkästen mit doppelwandiger Plastikeinfassung, abwaschbar, regenfester Überdachung und zwölfteiligem Sandspielset gefallen Kindern natürlich. Viel romantischer aber sind für die Kleinen Sandkisten mit „Erlebnisbonus", wo sie mit eigener Phantasie gestalten können: Aus einem alten Hocker wird der Ofen, aus einem kleinen Blumentopf das Kochgeschirr, und Bambusstäbe sind die Kochlöffel. Erlebnisbereiche müssen aber dennoch nicht schlampig aussehen. Beispielsweise hat sich in unserem Garten die „Sandgrube" bewährt. Ein interessantes Dekorationselement im Bereich des Ruinengartens, das von der Tochter zeitweise zum Sandkuchenbacken verwendet wird.

Ist das Mädchen einmal dem Sandspielen entwachsen, kann dieser Bereich als Pflanzbeet für ganz spezielle Pflanzen (z.B. Königskerzen) verwendet werden.

Einladung zum Plantschen und Spritzen

Gartenschlauch, Steine, Sand, etwas Folie und ein heißer Sommertag. Fertig ist das Ferienerlebnis.

Sandspielen in der Sandgrube: Wenn nicht gespielt wird, ist die Fläche ein wunderschönes Gestaltungselement.

Aus diesen Utensilien lassen sich ganz leicht phantasievolle Spielbereiche schaffen. Ideal ist natürlich ein kleiner Hang, dann lässt sich mit Folie und Steinen ein Bachlauf simulieren. Aber auch auf einem flachen Stück Garten entsteht mit Schlauch, vielleicht etwas Schmierseife und der Folie eine ziemlich rutschige Angelegenheit.

Das Tolle daran: Papa muss den Rasen nicht mehr wässern und das bisschen Schmierseife schadet den Pflanzen nicht. Also wieder einmal: ein Gartenspaß, der die Kinder den Garten in guter Erinnerung behalten lässt.

Erlaubt ist, was gefällt, denn nur Verbote machen den Garten nicht schöner.

Aus „grau" mach „bunt" – Kinder sehen den Garten mit eigenen Augen. Im Garten für intelligente Faule sind solch kleine Künstler willkommen.

Häuptling „Kleiner Gartenzwerg"

Das Spannendste im Garten ist aber zweifellos das Indianerspielen – selbst heute noch. Freilich verlangt dies nach der passenden Kulisse. Und hier gilt wiederum: Lassen Sie den Kindern den Freiraum, auch wenn das eine oder andere Gehölz einen Ast einbüßt.

Ideal zum Indianerspielen sind „Urwaldecken" mit Waldsträuchern. Dort lässt es sich hervorragend verstecken und einen Unterschlupf bauen. Achten Sie nur auf eines: in dem Bereich, wo Ihre Kinder spielen, sollten keine Sträucher mit gefährlichen Dornen und Stacheln stehen. Sanddorn, Schlehe, aber auch Rosen haben in diesem Bereich nichts verloren. Gefährlich kann kleinen Kindern auch die Eibe werden. Sie ist nämlich besonders giftig. Passend für einen solchen Indianerspielplatz ist ein Weiden-Wigwam. Im zeitigen Frühjahr werden lange Weidenruten geschnitten, die im Garten dann in die Erde gesteckt und zu einem Zelt geformt werden. Die Weiden treiben rasch aus und schon nach wenigen Monaten ist ein lebendiges Kinderhaus entstanden.

Natur zum Angreifen: Eine Insektennistwand ist für Kinder ein spannender Beobachtungsplatz.

Das Zeitalter der Entdecker

Irgendwann ist es so weit: Das Kind will die eigene Umgebung kennen lernen. Kleinkinder starten schon bald auf Entdeckungsreise. Je älter der Gartenbewohner wird, desto interessierter wird er am Leben und Treiben im Garten teilhaben. Freilich: Einmal ist das Interesse größer, einmal weniger groß.

Interessant für Kinder sind zunächst einmal alle Tiere im Garten. Das beginnt bei den Larven der Stechmücken im Regenwasserbehälter, den Fischen und Fröschen, und endet bei Igel und Schlangen. „Igitt, igitt", wird sich jetzt so manche Mutter sagen … aber denken Sie daran: Diese Tierchen sind auch aktive Helfer im Garten, denn sie sorgen dafür, dass die Schnecken nicht überhand nehmen.

Wie könnte nun so ein Erlebnisbereich für kleinere Kinder aussehen? Zunächst einmal ein kleines Beet mit rasch wachsendem Gemüse: Radieschen sind ideal, ebenso Kresse. Mit ihr lassen sich Buchstaben in die Erde säen, was die Sache schon ziemlich interessant macht.
Die größeren werden wahrscheinlich eher an Folgendem Interesse haben: einem Wohnhaus für Insekten.

Stroh, Lehm, alte Ziegel, Tontöpfe, durchlöcherte Holzstücke und mehr werden in einem massiven Holzrahmen aufgeschichtet. Schon nach wenigen Tagen werden sich Insekten einfinden und in den Löchern ihre Brut ablegen. Meist handelt es sich dabei um Solitärbienen, Schwebfliegen und ähnliche Nutzinsekten.

Wer etwas Geld investieren will, könnte auch im Fachhandel erhältliche Insektenwohnhäuser erwerben, bei denen die Brut in Glasröhrchen abgelegt wird. Selbst im Elektronik-Zeitalter löst ein Blick in diesen „Brutkasten“ bei Kindern großes Erstaunen aus, wenn sie sehen, welch exakt geformte Lehmwände die mit Pollenpaketen bestückten Brutkammern trennen.

... und wann beginnt endlich die Vogelhochzeit? Kinder erleben die Natur viel intensiver.

Mit der Strickleiter ins Baumhaus: Ein solcher Spielplatz kommt nicht „von der Stange", sondern zeigt Phantasie bei Eltern und Kindern.

Kinder wollen hoch hinaus

In älteren Gärten ist das Spielen natürlich noch einmal so schön. Vor allem, wenn alte Bäume die Möglichkeit bieten, Baumhäuser zu errichten. Papa, Opa oder ein Onkel werden da wahrscheinlich ein wenig mithelfen müssen, aber selbst für Ungeübte ist ein Hochstand machbar. Wer besonders vorsichtig sein will, sollte einen Zimmermann befragen, damit es später keine statischen Probleme gibt. Im Zweifel lieber ein wenig überdimensionieren, dann kann nichts passieren.

Und noch etwas, das ich in England unter einem Baumhaus gesehen habe. Die vorsichtigen Eltern haben eine ganze Fuhre Heu unter den Baum kippen lassen. Sollte tatsächlich ein Kind einmal herunterfallen, fällt es weich.

Ideen für einen intelligenten Balkongarten

Der passende Topf

Zu Gast in Italien? Nein, nur die künstlerische Hand einer Gärtnerin mit Liebe zu Details.

Eine Birke im Topf, eine Fichte in der Holzkiste und Radieschen aus der erdgefüllten Styropor-Schachtel. Städter kommen auf die verrücktesten Ideen, um ein wenig Grün in ihre Umgebung zu bringen.

Wir wollen nicht nur Gemüse am Balkon ziehen und eine Birke wachsen lassen, wir schaffen uns ein richtiges „Gartenparadies", mitten in der Stadt, auf wenigen Quadratmetern und im 4. Stock …

Wie beim Menschen die Kleidung, sind für Balkonpflanzen Töpfe und Kistchen nicht nur eine Notwendigkeit, sondern auch eine Frage der Funktionalität. Pflanzgefäße gibt es in vielerlei Arten und Formen.

Egal, für welches Material man sich entscheidet, maßgeblich für das gute Gedeihen sind Größe und Stabilität der Töpfe. Gefäße aus Ton sind wohl die ältesten Behälter, in denen Pflanzen kultiviert wurden. Größere Tongefäße sind zwar recht standfest, doch wirft sie ein kräftiger Windstoß um, zerbrechen sie leicht. Dafür fühlen sich Pflanzen in ihnen besonders wohl, denn die Töpfe sind atmungsaktiv und die Wurzeln können nicht so leicht verfaulen.

Nachteile haben Tongefäße aber auch: Die Erde trocknet nicht nur sehr rasch aus, durch die Verdunstung an der Außenseite ist sie auch immer etwas kühler als die Umgebungsluft. Das kann bei empfindlichen Pflanzen sogar zu Wachstumsstörungen führen. Ein Nachteil sind auch Kalkausblühungen und die oft mangelhafte Frostbeständigkeit. Dafür ist das romantische Flair, das diese Töpfe ausstrahlen, auch nicht durch die beste Kunststoff-Nachahmung zu ersetzen.

Praktisch und leicht: Kunststofftöpfe

Leicht und preiswert. So lassen sich Kunststofftöpfe am besten charakterisieren. Das war auch der Grund für den Siegeszug dieser Pflanzgefäße. Mittlerweile ist die Formenvielfalt so groß, dass Plastiktöpfe wirklich für alle Zwecke zur Verfügung stehen.

Dennoch sollte man nicht bloß auf den Preis schauen: Billiger Kunststoff ist meist nicht UV-beständig, das heißt, die Töpfe werden unter Einwirkung des Sonnenlichts spröde und zersplittern nach einiger Zeit. Ein Vorteil der Kunststofftöpfe ist, dass die Erde länger feucht bleibt und dass es nun auch schon zahlreiche Gefäße gibt, die mit Wasserspeichern ausgestattet sind. Das erlaubt auch einige Tage „Urlaub vom Balkongarten".

Für Bastler und Naturfans: Holzgefäße

Jeder Heimwerker schafft es spielend, eine ganze Serie von Pflanzgefäßen aus Holz herzustellen. Auch im Handel sind vielerlei Modelle erhältlich. Alle haben einen gemeinsamen Vorteil: Sie verhindern ein zu rasches Austrocknen der Erde, sie sind bei weitem nicht so schwer wie Tontöpfe und praktisch unzerbrechlich. Der Nachteil: Holz verwittert relativ rasch. Daher sollte man solche Gefäße aus Lärchen- oder Eichenholz fertigen. Das verlängert die Lebensdauer deutlich.

Plastiktöpfe sind manchmal sinnvoller, denn gerade bei so durstigen Pflanzen wie den Tomaten kommt man mit dem Gießen kaum nach.

Beton- und Eternitgefäße

Sowohl Beton- als auch Eternitgefäße sind äußerst langlebig. Bei Beton muss allerdings das große Gewicht beachtet werden. Bei Eternit sollte man aufpassen, dass man nur noch Gefäße kauft, die keinen Asbest enthalten. Betonkübel eignen sich besonders für Dauerbepflanzungen mit Bäumen und Sträuchern auf Balkonen und Terrassen. Durch das hohe Gewicht sind selbst solche „Riesen" in luftiger Höhe sehr standsicher.

Wer weder den Charme der Tontöpfe missen möchte, noch das Praktische der Kunststoffgefäße, hat folgende Möglichkeit: Die Pflanzen werden in Plastikgefäße gesetzt, die Tontöpfe sind nur noch Übertöpfe. Die Vorteile: Die Kübelpflanzen lassen sich leichter ins Winterquartier transportieren und die Tontöpfe bekommen nicht so starke Kalkausblühungen.

Erde gut, alles gut

Es ist nicht ganz leicht, den Überblick zu bewahren, wenn sich ein Hobbygärtner in ein Geschäft begibt und Erde für seine grüne Oase auf Terrasse oder Balkon kaufen will. „Garantiert ohne Torf", „mit Ton", „Komposterde", „reiner Rindenhumus". So und anders lauten die Aufschriften auf den Säcken mit den Erden – die Verwirrung ist damit perfekt.

Es gibt aber einige Faustregeln, welche Erde für welche Pflanzen verwendet werden soll. Standardmischungen („Balkonblumenerde", „Geranienerde", etc.) eignen sich für fast alle Kulturen auf dem Balkon, die alljährlich erneuert werden. Sie sind mit Torf oder Kompost sowie Tonteilchen versehen und gedüngt, so dass die Pflanzen für einige Zeit ausreichend mit Nährstoffen versorgt sind. Je mehr Torf enthalten ist, desto leichter trocknet die Erde aus und lässt sich auch nur schwer wieder gut anfeuchten.

Die richtige Erde ist im Blumentopf besonders wichtig, denn für lange Zeit müssen die Pflanzen damit leben.

Bäume und Sträucher fühlen sich allerdings in herkömmlicher Blumenerde nicht sehr wohl: Sie benötigen unbedingt eine Mischung aus Gartenerde und gesiebtem Kompost sowie etwas Sand, um eine gute Wasserführung zu gewährleisten. Als Gartenerde lässt sich auch so genannte „Maulwurferde" verwenden, die man im Frühjahr von den Wiesen holen kann.

Als Langzeitdünger sollten in allen Fällen Hornspäne untergemischt werden (siehe Düngung). Spezialerden (z. B. Moorbeet oder Rhododendronerde) sind für alle anderen Pflanzen ungeeignet. Azaleen, Rhododendren, aber auch Kamelien oder Gartenheidelbeeren wachsen jedoch in diesen Substraten besonders gut. Stark im Kommen sind Erden, bei denen Torf durch Holzhäcksel ersetzt wurde. Nur bei qualitativ hochwertigen Produkten ist garantiert, dass die Pflanzenwurzeln kräftig

Wer solch bunte Balkonblumen haben will, sollte unbedingt auf gute Erde wert legen: Kompost, Standarderde und Dauerdünger sind das „pflegeleichte" Rezept.

wachsen. Dennoch muss bei solchen Erden unbedingt spätestens 14 Tage nach dem Einpflanzen mit dem Düngen begonnen werden, da Holz den Stickstoff in der Erde abbaut. Am besten eignen sich die nicht biologischen, aber sehr effizient wirkenden Langzeitdünger. Sie garantieren eine gleichmäßige Düngerversorgung über mehrere Monate.

Tipp

Kaufen Sie nicht die billigste Erde. Sehr häufig wachsen die Pflanzen darin nur mäßig, weil eben nicht ganz einwandfreier Kompost für die Zusammensetzung verwendet wurde oder die Erde durch lange Lagerung bereits geschädigt ist.

Achten Sie darauf, nur Erdsäcke zu kaufen, die im Geschäft nicht im Regen liegen. Feuchtigkeit führt zu Nährstoffabbau und Fäulnis.

Balkonpflegekalender

Pflanzen auf Balkon und Terrasse wachsen unter besonders extremen Bedingungen. Trotzdem schafft man es, mit geringem Aufwand viel Grün in luftige Höhe zu zaubern.

Die richtige Pflanzenauswahl, das passende Gefäß und etwas Technik machen es möglich, dann kann der Sommer noch so heiß sein.

Frühjahr – jetzt wird gepflanzt

Auftakt für die Saison auf Balkonen kann schon im März oder April sein. Freilich sind nicht die frostempfindlichen Balkonblumen die Hauptdarsteller, sondern die große Palette an im Frühjahr blühenden Zwiebelblumen. „Intelligente Faulenzer“ verzichten auf das Pflanzen im Herbst und kaufen sich Narzissen, Tulpen und Krokusse. In großen Mengen (und daher preisgünstig) sind diese Zwiebelblumen erhältlich. Da sie alle Nährstoffe in der Zwiebel gespeichert haben, ist auch die Vorbereitung der Erde kein Thema: Pflanzen Sie Mininarzissen, Wildtulpen und in leuchtenden Farben blühende Krokusse gleich mit dem kleinen Blumentopf. So können Sie bei Bedarf die eine oder andere Pflanze auch ganz leicht ersetzen. Eine Weiterkultur ist nur dann sinnvoll, wenn Sie einen Garten besitzen, in den die Zwiebeln an einer halbschattigen Stelle ausgepflanzt werden. Nach ein, zwei Jahren beginnen sie wieder zu blühen.

Malven sind robuste Dauerblüher, die vom Frühsommer bis zum Spätherbst den Garten schmücken.

Für Geranie & Co. beginnt die Pflanzsaison nach den Eisheiligen, also Mitte Mai, denn dann ist die Gefahr von Frostnächten weitgehend vorbei. Beachten Sie eine „goldene“ Regel: Pflanzen Sie die Blumen genau so tief, wie sie im ursprünglichen Topf gepflanzt waren. Hängende Pflanzen, wie zum Beispiel Kaskaden-Pelargonien, sollten an den vorderen Rand des Kastens gesetzt werden, und zwar ein wenig

Wer seinen Garten einmal so perfekt arrangiert hat, muss eine ganze Saison nur genießen und ab und zu gießen.

Kleinere Topf- und Ampelpflanzen am Balkon können am einfachsten durchdringend gewässert werden, in dem man sie in einen Kübel Wasser taucht, bis keine Luftblasen mehr aufsteigen. Herkömmliches Gießen würde nichts bringen, da ein ausgetrockneter Erdballen nur sehr schwer Wasser aufnimmt.

schräg, so dass die Pflanzen leichter nach unten wachsen können. Damit die neuen Balkongäste nicht gleich zu viel Sonne abbekommen, stellen Sie die Kästen zuerst in den Halbschatten. Auch beim Gießen zuerst mit Fingerspitzengefühl vorgehen und erst nach einigen Tagen richtig wässern.

Sommer – so wird gegossen

Ein heißer Sonnen-Sommer ist der Traum aller Balkongärtner. Die lauen Abende bringen südliche Stimmung, der Duft von Kräutern lässt das kleine Stück Grün zu einem Paradies werden. Vorausgesetzt, der Stadtgärtner hat die nötige Technik eingeplant: Balkonkästen mit Wasserspeicher oder, noch besser, eine automatische Bewässerung, die direkt mit der Wasserleitung verbunden ist. Sie macht sich schnell bezahlt, denn die Pflanzen werden gleichmäßiger mit Feuchtigkeit versorgt, wachsen gesünder und üppiger und der „intelligente" Gärtner kann sogar ohne Sorgen einige Tage in den Urlaub fahren.

Normalerweise ist der beste Zeitpunkt zum Gießen der Abend, vor allem an heißen Tagen. Dann haben die Pflanzen über Nacht Zeit, Kraft zu tanken. Allerdings sollten die Blätter nicht benetzt werden, da sonst die Gefahr von Pilzerkrankungen besteht.

Dicht bepflanzte Beete haben Vorteile: Die Erde trocknet nicht so schnell aus, weil Wind und Sonne durch das Blätterdach abgehalten werden.

Tipp

Gartenvlies ist als Schutz für Balkonpflanzen in den ersten Tagen besonders hilfreich. Es mildert allzu starke Sonnenstrahlen und hält in der Nacht ein, zwei Grad Frost ab. Wer so vorsorgt, kann sogar schon einige Tage früher den Balkon auf Sommer trimmen.

Lassen Sie gießen …

Bei den automatischen Bewässerungssystemen finde ich das (stromlose) Gießsystem mit Tonkegeln als „Steuerung“ am einfachsten und wirkungsvollsten. Noch dazu lässt es sich für jeden einzelnen Blumentopf individuell steuern. Diese Systeme funktionieren mit einem Direktanschluss an die Wasserleitung und einer Druckreduzierung, die über Tropfer das Wasser direkt zu den Wurzeln bringt. Die Tonkegel öffnen dann je nach Feuchtigkeit das Ventil so lange, bis die Erde genügend nass ist. In den ersten Tagen nach der Installation heißt es, die einzelnen Tropfer genau einzustellen, sonst gibt es eine Überschwemmung …

Sommer – Futter für die Pflanzen

Das richtige Düngen beginnt schon beim Einpflanzen. Der Pflanzerde sollte immer ein Langzeitdünger untergemischt werden. Besonders gut bewährt haben sich Hornspäne. Sie geben über drei bis vier Monate konstant Nährstoffe an die Pflanzenwurzeln ab, ohne dass die Gefahr einer Überdüngung besteht. Dennoch sollte etwa drei Wochen nach dem Einpflanzen mit dem Düngen begonnen werden. Wer ganz biologisch gärtnern will (und das sei für alle Gemüsekulturen am Balkon geraten), der verwende einen der vielen Biodünger. Alle Balkon- und Kübelpflanzen können aber richtig dosiert auch auf herkömmlich Art und Weise gedüngt werden. Idealerweise mit den schon erwähnten Langzeitdüngern, welche die Pflanzen je nach Außentemperatur mit mehr oder weniger Nährstoffen versorgen.

Gemüse in luftiger Höhe – das ist intelligent

Frische Tomaten, Basilikum, vielleicht Zucchini oder eine Stangenbohne, die gleichzeitig Sichtschutz bietet. Viele Gemüsearten lassen sich ganz einfach auf Balkon oder Terrasse anpflanzen. Besonders Kräuter sind ideale Stadtbewohner. Ob als Würze für Suppe, Salat oder Butterbrot – so einfach und bequem kommt man sonst nicht zu den frischen Vitaminspendern. Auch Tomaten sind leicht zu ziehen. Im Gegensatz zu einer Kultur im Freiland, werden die Tomaten im Topf am sonnigen Balkon kaum von Krankheiten befallen. Und Bohnen sind, wenn Sie nur genügend Feuchtigkeit haben, nicht zu bremsen. Gleiches gilt für die Zucchini, die zu wachsenden Monstern werden, wenn man sie nur lässt.

Schlanke Bäume im Topf

Sie werden Ballerinas genannt und wachsen gärtenschlank im Blumentopf. Die neuen Obstbäume dürfen nicht geschnitten werden, bleiben aber trotzdem Platz sparend. Maximal werden sie 40–50 cm breit.

Die Höhe der Bäume ist vom Pflanzengefäß abhängig. In kleineren Trögen werden die Bäume anderthalb bis zwei Meter hoch, in großen Gefäßen sind aber auch bis zu vier Meter möglich.

Eine große Ernte darf man von diesen Bäumen nicht erwarten, sie machen dafür aber überhaupt keine Arbeit. Gießen und etwas düngen – das ist es.

Ballerinas gibt es in folgenden Sorten: 'Walz' (ein Lagerapfel), 'Bolero' und 'Polka' (zwei säuerlich schmeckende Äpfel zum Sofortverzehr) und der Zierapfel 'Maypole', dessen Früchte auch für Gelees verwendet werden können.

Kleine Bäume für kleine Leute? – Nein. Die Ballerinas sind einfach interessant – für Groß und Klein.

Bäume und Sträucher machen Balkone auch im Winter grün

Ganz grün werden Balkone natürlich nicht, aber mit Laubgehölzen und Koniferen lassen sich interessante Gestaltungen schaffen. Vielleicht sogar mit einem lebenden Christbaum, der dann um die Weihnachtszeit mit Lichterketten geschmückt wird.

Bäume und Sträucher überleben also einen kalten Winter auf der Terrasse. Einzige Voraussetzung: Die Töpfe müssen absolut frostfest und so stabil sein, dass selbst Winterstürme sie nicht umwerfen können. Den Sommer über werden die Pflanzen gepflegt wie andere Balkonblumen: gegossen, gedüngt und eventuell ein wenig zurückgeschnitten. Ab Mitte August dürfen die im Freien überwinternden Gehölze nicht mehr gedüngt werden, sonst würde das Holz nicht ausreifen und abfrieren.

Eines sollten Sie beachten: Wintergrüne Pflanzen benötigen auch während der kalten Jahreszeit Feuchtigkeit. Das kann Schnee sein, den man ab und zu auf die Erde der Töpfe schaufelt. In schneelosen und regenarmen Jahren müssen die Pflanzen an frostfreien Tagen gegossen werden. Die meisten Immergrünen im Topf gehen übrigens nicht wegen der Kälte, sondern aufgrund von Trockenheit zu Grunde.

Achten Sie auf Qualität beim Kauf: vor allem bei Gehölzen, die auf einem so extremen Standort wie dem Balkon gepflanzt werden.

Grüne Dächer, grüne Wände

Kletterpflanzen zur Hausbegrünung

In Städten ist „Grün" oft Mangelware. Es gibt kaum Platz für größere Bäume, daher bieten sich nur die Begrünung einer Fassade oder ein grünes Dach als Ausweg an.

Grün in der Stadt hat viele Vorteile: Es schafft ein angenehmes Kleinklima, weil im Sommer zu starke Aufheizung verhindert wird und im Winter der grüne Mantel wie ein Wärmepolster wirkt.

Viele Hausbesitzer sind in Sorge, dass der Verputz, wenn sie Kletterpflanzen setzen, nach kurzer Zeit kaputt geht. Diese Befürchtungen sind völlig unbegründet. Eine intakte Fassade wird durch Kletterpflanzen, egal welche, nicht geschädigt. Eine Fassade, deren Verputz bereits brüchig ist, wird allerdings durch eine Kletterpflanze sicherlich in Mitleidenschaft gezogen.

Efeu, Kletterhortensien und auch der Wilde Wein „kleben" sich mit Haftwurzeln oder Haftscheiben an die Wand. Entgegen einer verbreiteten Meinung holen die Pflanzen aber keine Feuchtigkeit aus der Mauer. Die „Haftwurzeln" sind nur für den Halt zuständig, die Versorgung erfolgt ausschließlich über Bodenwurzeln.

Mehrjährige

Blauregen *(Glyzinie, Wisteria)*
Schlingpflanze mit wunderschönen Blüten. Sie benötigt einen sonnigen Standort. Kaufen Sie nur veredelte Sorten, sie blühen rascher. Der Blauregen benötigt eine Kletterhilfe. Achtung: Die Äste haben enorme Kräfte und können sogar Dachrinnen zerdrücken.

Efeu *(Hedera helix)*
Der Efeu ist eine der anspruchslosesten Pflanzen. Er gedeiht in der Sonne genauso wie im Schatten. Efeu klettert mit Haftwurzeln. In den ersten Jahren eher langsam, nach einigen Jahren aber sehr kräftig. Er bleibt den Winter über grün und bietet vielen Vögeln eine Nistmöglichkeit.

Geißblatt *(Lonicera caprifolium)*
Das Geißblatt ist ein Schlinggewächs, das zur Blütezeit (Mai bis Oktober) einen betörenden Duft verströmt. Es benötigt einen sonnigen bis halbschattigen Platz und Spanndrähte zum Ranken. Vor allem Pergolen lassen sich gut mit ihm bewachsen.

Kletterhortensie
(Hydrangea petiolaris)
Die Kletterhortensie wächst im Halbschatten und liebt durchlässigen, humusreichen Boden. Zunächst wächst sie langsam, später aber ziemlich kräftig. Besonders hübsch sind die großen, duftenden, tellerförmigen Blüten. Für Rankhilfen sind Kletterhortensien dankbar.

Kletterrosen
Da gibt es viele dutzend Sorten. Sie benötigen einen sonnigen Platz mit viel humusreicher Erde. Die Triebe müssen festgebunden werden, auch ein Rückschnitt ist immer wieder erforderlich. Eine besonders wuchskräftige und robuste Sorte ist 'New Dawn'. Sie trägt kleine, duftende, weiße bis zartrosa Blüten und blüht mehrmals bis November. Diese Rose ist auch nicht allzu empfindlich, was den Rückschnitt betrifft. Selbst der Schnitt mit einer Heckenschere wird von älteren Exemplaren

Der Wilde Wein überwuchert mit der Zeit alles, was sich ihm entgegenstellt. Im Herbst sorgt er für ein Feuerwerk der Farben. Der Efeu hingegen bleibt rund ums Jahr grün und dämpft im Sommer die Hitze und im Winter die Kälte.

problemlos verkraftet. Weitere empfehlenswerte Sorten: 'Blaze Superior' – scharlachrot, 'Golden Showers' – gelb, 'White Cockade' – weiß, oder die besonders wuchskräftigen Sorten wie 'Wedding Day' – weiß und 'Bobby James' – ebenfalls weiß.

Knöterich
(Polygonum/Fallopia aubertii)
Der Knöterich ist der eifrigste und schnellste Kletterer. Er benötigt eine Rankhilfe und ist schon nach kurzer Zeit nicht mehr zu bremsen. Innerhalb weniger Monate bildet er einen Sichtschutz oder deckt eine unschöne Wand zu.

Waldrebe *(Clematis spec.)*
Die Waldrebe gibt es in unzähligen Sorten. Von der heimischen, die nur kleine Blüten besitzt, bis zu den zahlreichen Züchtungen, die teilweise Blüten mit bis zu 15 cm Durchmesser haben, reicht die Palette. Die Waldrebe will einen sonnigen Platz (aber nicht zu heiß) und stellt

einige Ansprüche an den Boden. Er sollte humusreich, feucht und kühl sein. „Kühl“ bedeutet, dass keine direkte Sonne auf den Wurzelbereich scheinen darf. Dies kann durch eine Bepflanzung des Wurzelbereichs durch Bodendecker erreicht werden. Auch ein Abdecken mit Mulch ist möglich.

Wilder Wein *(Parthenocissus)*
Der Wilde Wein gilt als eine der beliebtesten Kletterpflanzen. Er ist recht anspruchslos und wächst rasch und kräftig. Empfehlenswert ist die Sorte 'Veitchii', die mit selbstklimmenden Haftscheiben ohne jede Kletterhilfe auskommt. Die Art „quinquefolia“ braucht in den ersten Jahren Drähte zum Ranken. Besonders schön ist beim Wilden Wein die Herbstfärbung.

Winterjasmin
(Jasminum nudiflorum)
Er ist ein außergewöhnliches Gewächs, denn ab Dezember erscheinen an den langen, dünnen Trieben gelbe Blüten. Der Winterjasmin erreicht eine Höhe von etwa zwei Metern und muss immer wieder angebunden werden. Als Standort sind sowohl sonnige, als auch halbschattige Plätze möglich. An den Boden stellt dieser „Winterblüher“ keine besonderen Ansprüche.

Einjährige

Duftwicke *(Lathyrus odoratus)*
Ein warmer, sonniger Standort und ein Maschendraht als Klettergerüst genügen, und die Duftwicke wird ihre Blüten öffnen. Die Blütezeit geht von Juni bis September. Bei Vorkultur auf der Fensterbank beginnt sie auch schon früher zu blühen.

Feuerbohne *(Phaseolus coccineus)*
Ein dankbarer und schneller Kletterer, der durch seine leuchtend roten Blüten auch sehr dekorativ wirkt. Blütezeit: Juli bis September. Die Früchte sind gekocht köstlich. Aussaat nach den Eisheiligen. Ein sonniger bis halbschattiger Platz ist ideal. Spanndrähte genügen als Kletterhilfe.

Japanischer Hopfen
(Humulus scandens)
Eigentlich ist der Hopfen gar keine „einjährige" Kletterpflanze, denn er treibt jedes Jahr aus der Wurzel aus. Die Wuchskraft ist enorm: 4–6 m hoch wachsen die Ranken bei guter Pflege. Die Blüte beginnt im August. Ein halbschattiger Platz mit humusreicher, nährstoffreicher Erde ist ideal. Als Rankhilfe genügen Spanndrähte.

Kapuzinerkresse *(Tropaeolum spec.)*
Eine besonders leicht zu ziehende Kletterpflanze, die allerdings einige Unterstützung benötigt, damit sie „rankt". Am einfachsten ist eine Wandbegrünung mit Kapuzinerkresse, wenn zuvor ein Maschengitter gespannt wurde. Dann hält sich diese dankbare und blühwillige Pflanze bis zum Oktober. Ausreichendes Gießen – besonders in einer Kübelbepflanzung – ist wichtig.

Prunkwinde *(Ipomoea tricolor)*
Ob Prunkwinde oder Trichterwinde, beide sind recht anspruchslos und sorgen den ganzen Sommer über mit ihren großen Trichterblüten für eine wunderschöne Wandbegrünung. Als Kletterhilfe benötigen sie entweder einen Spanndraht oder ein Maschengitter, dann wachsen sie bis zu drei Meter hoch. Günstig ist es, wenn die Winden ab April auf der Fensterbank vorkultiviert werden.

Schwarzäugige Susanne
(Thunbergia alata)
Bis zu zwei Meter hoch wächst die Schwarzäugige Susanne. Ihren Namen verdankt sie ihrer besonderen, orangefarbenen Blüte, in deren Mitte sich ein schwarzer Punkt befindet. Eine Vorkultur auf der Fensterbank ist empfehlenswert. Als Standort ist ein sehr warmer und geschützter Platz ideal, dann hält die Blüte bis zum Oktober an.

Die Schwarzäugige Susanne ist eine dankbare und schnellwüchsige Kletterpflanze.

Das grüne Dach

Grüne Dächer sind nicht nur schön anzusehen, sie verbessern auch das Kleinklima.

Wer meint, das „grüne Dach" sei eine Erfindung unserer Zeit, irrt: Schon vor fast 3000 Jahren schufen die Griechen die „Hängenden Gärten der Semiramis". Sie waren so beeindruckend, dass man sie zu den sieben Weltwundern der Antike zählt.

Beeindruckend sind aber auch heute die Gartenlandschaften, die so manche Städter in luftiger Höhe zaubern. Wichtig ist, wie bei Balkon- und Terrassengärten, die Überprüfung der Bausubstanz: Reicht die Statik des Hauses aus? Ist genügend Isolierung vorhanden? Besteht durch die Bepflanzung eine Gefahr für darunter liegende Wohnungen oder Passanten?

Der Vorteil einer Dachbegrünung liegt auf der Hand: Die Bepflanzung hält einen Großteil des Regenwassers zurück und gibt es nur langsam an die Umgebung ab.

Damit werden Höchstbelastungen von Kanälen und damit Kläranlagen verhindert und die Stadtluft durch die höhere Luftfeuchtigkeit verbessert. Begrünte Dachflächen wirken auch wie ein Staubfilter: Der Wind streift über die Pflanzen und lässt den Staub zurück.

Freilich ist ein Dach ein extremer Standort, daher eignen sich nicht alle Pflanzen dafür, es gibt aber zahlreiche Gewächse, die diese unwirtliche Umgebung verkraften.

Eine extensive Dachbepflanzung: trockenheitsliebende Stauden

Ein bepflanztes Dach wirkt wie eine Isolationsschicht: Im Sommer hält es die Hitze ab, im Winter die Kälte.

Ein Farbenrausch in luftiger Höhe: Wie ein Gemälde präsentiert sich dieses bepflanzte Dach.

Tipp

Aus normaler Gartenerde lässt sich mit Sand und Torf eine Dachgarten-Erdmischung herstellen. Das Mischverhältnis: 4 Schaufeln Erde, 4 Schaufeln Sand und 2 Schaufeln Torf. Als Abdeckung sollte Rindenmulch, oder noch besser Rindenhumus etwa 5 bis 10 cm hoch aufgetragen werden. Damit ist sichergestellt, dass die Verdunstung verringert wird und Unkraut keine Chance hat.

So wird ein „grünes Dach" aufgebaut

Aus einem kiesbedeckten Flachdach lässt sich (nach Prüfung der Statik) ganz leicht eine grüne Oase machen. Der Kies wird entfernt (er dient nur dem Schutz vor direkter Sonnenbestrahlung auf die Dichtungsschicht) und auf die eigentliche

Wasserisolierschicht eine etwa 1 mm starke wurzelfeste Folie aufgelegt. Sie muss verschweißt werden, damit die kräftigen Wurzeln später nicht die Isolierung durchbohren. Auf diese Wurzelfolie kommt ein Vlies (als Schutz vor scharfen Steinen), dann eine Dränageschicht. Es kann dafür Tongranulat (z. B. Blähton) verwendet werden. Darauf kommt wiederum ein Vlies, damit keine feinen Erdteilchen in die Dränschicht gespült werden können. Nun folgt die eigentliche Erd- bzw. Substratschicht. Man kann dafür die im Handel angebotenen speziellen Mischungen verwenden oder sie selbst herstellen.

Die Pflanzen für grüne Dächer

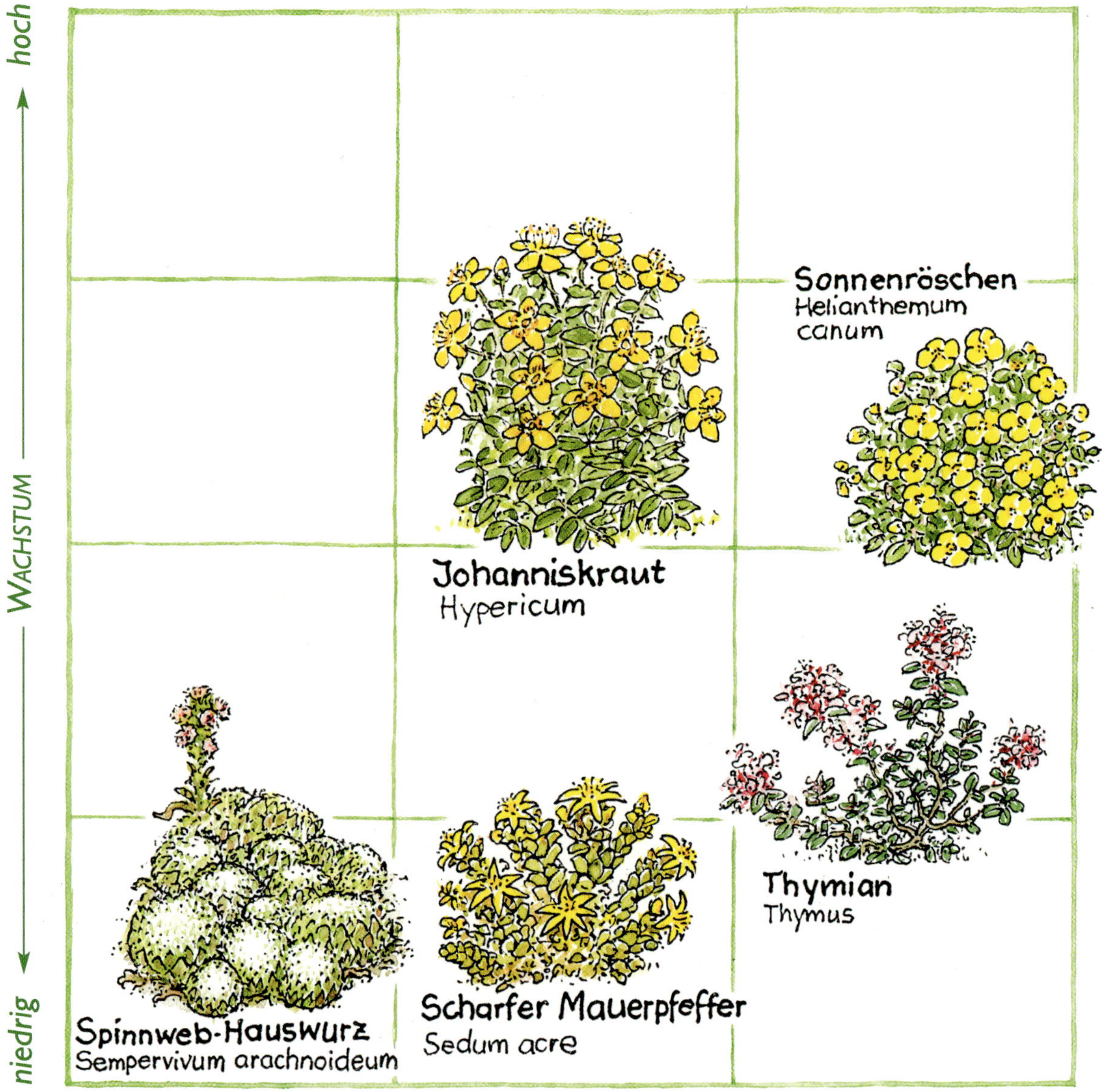

Pflanzen, die auf Dächern wachsen, müssen besonders robust sein. Die Tabelle zeigt einige (wenige) Sorten, die – abgestuft nach Höhe – ein Dach für ein ganzes Jahr zu einer einzigartigen Gartenlandschaft machen. Ist ein Dach einmal (richtig) bepflanzt, so macht es kaum mehr Mühe. Denn viele dieser Gewächse sind wahre Hungerkünstler. Über viele Tage und Wochen hinweg benötigen sie keine Pflege. Sie leben nur von

der dünnen Schicht Humus und der natürlichen Feuchtigkeit, sei es in Form von Regen oder auch bloß in Form von Tau. Manche der Pflanzen haben einen ungestümen Drang, sich auszubreiten. Wer hier intelligent beobachtet, wird bald bemerken, dass sich durch Samenflug an den Standort angepasste Pflanzengemeinschaften bilden.

Helfer in Notsituationen

Schädlinge und Krankheiten – was tun?

Schädlinge und Krankheiten treten dann auf, wenn sich Pflanzen nicht wohl fühlen. Krankheitserreger und Schädlinge nutzen einen Schwächezustand aus. In einer völlig intakten Natur gibt es über längere Zeiträume hinweg praktisch kein Schädlingsproblem. Blattläuse sind zwar hier genauso zu finden wie Mehltau. Die Wuchskraft der Pflanzen sowie die zahlreichen natürlichen Feinde (wir nennen sie „Nützlinge") und die gleichmäßige Versorgung mit Nährstoffen sorgen jedoch für gesundes Wachstum. Im Garten für „intelligente Faule" steht daher nicht das Bekämpfen der Schädlinge im Vordergrund, sondern das Stärken der Pflanzen. Das ist viel bequemer als das ständige Giftspritzen.

So geben wir den Pflanzen Kraft:

- ***richtige Standortwahl***
- ***ausreichende Kompostversorgung***
- ***Bodenbedeckung***
- ***Mischkultur***
- ***schonende Bodenbearbeitung***

All diese Maßnahmen werden gesunde, robuste und Schädlingen und Krankheiten trotzende Pflanzen hervorbringen. Schon bei der Auswahl der Pflanzen sollte man auf das lokale Klima achten (kälteresistent, feuchtigkeitsunempfindlich). Hochgezüchtete Sorten sind oft besonders anfällig für Schädlinge, alte, in der lokalen Umgebung gezüchtete Sorten (z. B. Obstsorten) dagegen weisen eine natürliche Abwehrkraft auf.

Große Sorgen für bequeme Gärtner

Invasion der Schnecken

Schnecken gelten als die größten Plagegeister im Garten. Selbst in „chemischen" Gärten wird man der Schädlinge kaum Herr. In meinem Garten haben sie in einem einzigen Jahr bei 15 großen Dahlienknollen so lange die Triebe abgefressen, bis die Pflanzen verfaulten. Gurken, Zucchini und vor allem Studentenblumen waren nur unter großer Mühe „durchzubringen". Also nichts für die „intelligenten Faulen". Zum Glück gibt es Abhilfe: Im Laufe der Jahre sind viele Nützlinge in den Garten gekommen: Kröten, Igel, Laufkäfer. Und ein neues Schneckenkorn machte in den letzten beiden Jahren das Leben wirklich leicht. Es wurde ein Schneckenkorn mit dem Namen „Ferramol®" auf den Markt gebracht, das als umweltfreundlich angesehen werden kann, denn es besteht bloß aus einer Substanz, die auch in der Natur

Leihen Sie sich für mehrere Wochen Indische Laufenten als Schneckenfresser aus.

Streuen Sie das neue Schneckenkorn „Ferramol®" – Sie finden keine Kadaver und können unbesorgt sein. Es gibt keine Nebenwirkungen.

Gießen Sie wenig und wenn, nur am Morgen.

Im Herbst findet man im Garten oft Schneckeneier, die wie kleine Perlen aussehen. Wer Sie rechtzeitig beseitigt, dämmt die Schneckenplage ein.

Die naturnahe Gartenanlage mit Trockenmauern, Biotop und Wildsträucherhecke lockt natürliche Feinde der Schnecken an.

Setzen Sie Pflanzen, die von Schnecken kaum gefressen werden.

Vor allem im Herbst die Gelege der Schnecken (cremefarbige „Perlen") entfernen, das spart Mühe.

Einmal aufgestellt, wirkt ein so genannter Schneckenzaun über viele Jahre. Und so wird er errichtet: Man steckt Blechstreifen in die Erde, bei denen der obere Rand in einer Breite von fünf Zentimetern im Winkel von 45 Grad nach außen gebogen wird. Acht geben muss man nur auf Blätter und Äste, die über diese Begrenzung hängen, denn sie bilden für Schnecken Brücken in ein Schlaraffenland.

vorkommt: Eisen-III-Phosphat. Die Wirkung dieses Schneckenkorns ist aber eine völlig neue: Beim bisherigen Schneckentod erlitten die schleimigen Besucher tödlichen Wasserverlust, der in Form von Schleimspuren und herumliegenden Schneckenleichen erkennbar war.

Das neue Schneckenkorn dagegen wirkt auf den Verdauungstrakt der Tiere. Sie bekommen quasi eine enorme Magenverstimmung, stellen das Fressen ein und ziehen sich in Erdritzen zurück, wo sie normalerweise den Tag verbringen. Dort verenden sie dann. Für den Gärtner bedeutet diese Wirkungsweise eine große Umstellung, denn die „erlegten“ Schnecken findet er nun nicht mehr.

Beachten muss man allerdings zwei Dinge: Gießen Sie nach dem Aufstreuen die Beete mit einer Gießbrause, damit das Korn etwas aufquillt. Und streuen Sie in den Tagen danach immer wieder Schneckenkorn nach. Die Tiere fressen nämlich mindestens ein, wenn nicht sogar zwei Körner, ehe das Magenleiden beginnt …

Blattläuse – kein Problem

Blattläuse sind für viele Gärtner der Schrecken unter den Schädlingen. Dabei ist gerade ihre Bekämpfung relativ leicht, und es gibt viele Nütz-

Tipp

Schmierseifen-Wasser kann leicht hergestellt werden und vernichtet Blattläuse umweltschonend. Das Rezept: ein Esslöffel Schmierseife auf einen Liter heißes Wasser. Nach dem Abkühlen einen Spritzer Spiritus hinzufügen und auf die direkt befallenen Teile spritzen. Ein Großteil der Blattläuse wird nach wenigen Stunden zu Grunde gehen. Verwenden Sie das Schmierseifen-Wasser nicht vorbeugend – so hilft es nicht.

Hängen Sie Ohrwurmhäuschen an Bäume und Sträucher, die von Blattläusen befallen werden. Der Unterschlupf für Ohrwürmer wird aus verkehrt aufgehängten Tontöpfen gebaut, in die Holzwolle gestopft wird.

• • •

Nistkästen in Bäumen locken viele Vögel an, die große Blattlausvertilger sind.

Keine Panik, wenn einige Blattläuse auftreten – die natürlichen Feinde sind bald im Anmarsch.

• • •

Naturnahe Gärten locken Nützlinge an, die bei der Blattlausbekämpfung helfen.

• • •

Ein totales Ausrotten der Blattläuse ist der falsche Weg, denn dann verschwinden aus Nahrungsmangel auch jene Tiere, die sich von ihnen ernähren.

linge, die Läuse „zum Fressen" gern haben. Bevor mit „Kanonen", egal ob chemisch oder biologisch, geschossen wird, sollte man deshalb von vornherein Nützlinge, wie zum Beispiel Vögel, Florfliegen, Larven des Marienkäfers, Marienkäfer und Ohrwürmer, schonen.

Vorbeugen ist besser als Heilen. Das gilt auch für Probleme mit Blattläusen. Gesunde, kräftige Pflanzen, deren Triebe nicht durch zu viel Dünger weich geworden sind, werden seltener von Läusen heimgesucht.

Zaubermittel gegen Blattläuse – aber Vorsicht!

Es wird aus den Blüten der afrikanischen Margerite gewonnen und heißt Pyrethrum. Das Pflanzenschutzmittel vernichtet innerhalb von Minuten Blattläuse und auch andere Schädlinge. Nach wenigen Stunden ist die Substanz durch das Sonnenlicht unschädlich gemacht worden. Es gibt daher keine Wartezeiten. Da aber auch viele Nützlinge zu Grunde gehen, sollte es nur mit Vorsicht angewendet werden.

Wie Wühlmäuse verschwinden

Vor allem in ländlichen Gebieten zählen Wühlmäuse zu den großen Schädlingen, denn sie sind kaum zu sehen und nur Gänge und abgefressene Pflanzen zeugen von ihrem Dasein.

Wühlmäuse können nicht bloß mit einer einzigen Abwehrmethode vertrieben oder getötet werden. Viele verschiedene Versuche sind nötig, denn eines hat sich gezeigt: Was in einem Garten perfekt als Abwehr funktioniert, hilft in einem anderen überhaupt nicht.

Der Grund dafür sind die unterschiedlichen Bodenverhältnisse und der unterschiedlich „gedeckte Tisch". Bestes Beispiel dafür ist die Kaiserkrone. Sie wird von vielen als das Abwehrmittel schlechthin gelobt. In meinem Garten haben Wühlmäuse sogar die Kaiserkrone „verspeist"!

In manchen Gärten werden auch Maulwürfe lästig. Sie dürfen nicht getötet werden (sie stehen sogar unter Schutz) und sind eifrige Jäger von Engerlingen. Abwehrmaßnahmen zum Vergrämen der Tiere sind aber erlaubt.

Katzen sind – auch wenn von Dosenfutter verwöhnt – noch immer die besten Mäusefänger.

• • •

Knoblauchzehen, zu Obstbaumwurzeln gesteckt, sollen Mäuse vertreiben.

Wertvolle Gehölze werden immer im Gitterkorb (verzinktes Sechseckgeflecht) gepflanzt. Das gibt Schutz für viele Jahre.

• • •

Legen Sie keine Blumenwiesen an: Dort sind Wühlmäuse nicht zu bekämpfen.

• • •

Fangen Sie Mäuse mit den neuen Kunststoff-Plastikfallen – da erwischt wirklich jeder die lästigen Schädlinge.

Die beste Form der Wühlmaus-Bekämpfung scheint bei einem besonders starken Befall das Aufstellen von Fallen. Nicht nur herkömmliche, die für Laien eher schwer zu handhaben sind, sondern vor allem jene, die erst vor einigen Jahren entwickelt wurden. Ich habe diese Fallen getestet, nachdem die Wühlmäuse einen Sommerflieder, eine Linde, eine Buche, eine Haselnuss, einen Obstbaum, alle Gurken und unzählige Tulpen vernichtet hatten. In nur zwei Wochen gingen 21 Tiere in die Falle!

Tipp

Gerade in den ersten Jahren sind junge Obstbäume besonders durch Wühlmäuse gefährdet. Ich pflanze daher Bäume in große Gitterkörbe, die ich selbst herstelle. Ein verzinktes, engmaschiges Sechseck-Geflecht wird zu einem Zylinder zusammengerollt und mit Draht verbunden. Anschließend wird es an einer Seite mehrmals etwa 30 cm tief eingeschnitten und nach innen gebogen, so dass ein Boden entsteht. Den Korb in das Pflanzloch stellen und den Baum wie gewohnt setzen. Korb nicht ganz auffüllen, sondern erst eng um den Stamm legen - nicht binden, damit der Baum nicht „erwürgt" wird.

Selbst für Ungeübte ist mit dieser neuen Wühlmausfalle das Fangen der Tiere ganz leicht.

Und noch ein Plagegeist: Maulwurfsgrille oder Werre

Maulwurfsgrillen sind in manchen Gärten völlig unbekannt, in anderen wieder fressen sie über Nacht ganze Beete leer. Vor allem in älteren Gärten tauchen diese bis zu zehn Zentimeter großen Schädlinge auf.

Maulwurfsgrillen leben in Gängen und ernähren sich von Wurzeln und Knollen, lassen aber sehr oft auch so manche frisch gesetzte Pflänz-

Tipp

Schonen Sie die natürlichen Feinde, wie Maulwürfe, Spitzmäuse und auch Amseln. Bei der Bodenbearbeitung auf die Gänge achten und vor allem im Sommer nachgraben, um das Nest zu finden. Außerdem sollten Sie Einkochgläser oder tiefe Tontöpfe bodeneben in der Erde vergraben (der Rand muss mit der Oberfläche eben sein). Zwei flache Steine werden links und rechts neben den Topf gelegt. Darauf kommt ein kleines Holzbrett. Die Maulwurfsgrillen suchen nämlich immer ein Versteck und fallen so in den Topf.

chen zwischen den Beißwerkzeugen verschwinden. Dann und wann frisst die Werre auch ein schädliches Insekt – ein kleiner, positiver Aspekt bei all dem Schaden.

Ein echter Lästling: Ameisen

Ameisen gehören eigentlich nicht zu den Schädlingen, sondern zu den Lästlingen: Wenn sie plötzlich in der Küche auftauchen, es sich im Keller gemütlich machen oder bei Plattenwegen Sand nach oben transportieren.

Ob Backpulver oder verschimmelte Zitronenscheiben, gegen Ameisen gibt es viele Hausmittel.

Ungebetene Gäste: Drahtwürmer

Gerade in neu angelegten Gemüsegärten gehören Drahtwürmer zu den besonders ärgerlichen Schädlingen. Über Nacht vernichten die kleinen, orangefarbigen Würmer die frisch gesetzten Salatpflänzchen oder bohren sich in die Kartoffeln, so dass sie bis zum Herbst verfaulen.

Einziger Bio-Tipp: Vergraben Sie mehrere halbe Kartoffeln auf dem befallenen Beet und kontrollieren Sie die Kartoffeln alle paar Tage. Sie werden sehen: In jeder „Falle“ stecken unzählige Drahtwürmer.

Zum Glück eine Vorliebe für Gelb: Weiße Fliege

So manche Vorliebe eines Schädlings wird für den intelligenten Gärtner zum Faulenzertipp. Die Weiße Fliege, die besonders gern im Überwinterungsquartier der Balkonblumen, im Gewächshaus, aber auch den Sommer über an Fuchsien und Rhododendren auftaucht, lässt sich mit sogenannten Gelbfallen ganz leicht im Zaum halten. Die (ungiftigen) gelben Kunststofftafeln sind mit Leim beschichtet und die Weiße Fliege bleibt daran kleben. Gelbfallen können Sie auch in Kirschbäume hängen, denn die Kirschfruchtfliege hat dieselbe Vorliebe wie die Weiße Fliege: Gelb! Und schon bleiben Ihre Kirschen wurmfrei.

Tipp

Verwenden Sie zuerst Hausmittel und nicht die hochgiftigen Lockmittel, die angeboten werden. Im Handel erhältlich sind auch Streumittel (meist mit dem Zusatz „natürlich“ oder „naturrein“). Sie verwirren durch ihren Geruch die Ameisen, welche kurze Zeit später den Bau auflösen.

Die lästigsten Krankheiten

Sehr viele Pflanzenkrankheiten, wie Grauschimmel, Mehltau, Rost und Sternrußtau sind oft auf einen falschen Standort oder falsche Pflege zurückzuführen.

Wenn es zwischen Pflanzen zu stickiger, feuchter Luft kommt, wenn also zu eng gesetzt wurde, haben Pilzerkrankungen leichtes Spiel.

Ebenso, wenn beim Gießen immer wieder der falsche Zeitpunkt, nämlich der späte Abend, gewählt wird. Dann trocknen die Blätter nicht ab und die Pilzerreger finden einen idealen Nährboden.

Freilich ist auch der Gesamtzustand einer Pflanze ausschlaggebend dafür, ob sie von einer Erkrankung befallen wird oder nicht. Zuviel Dünger (auch natürlicher) schadet: Die Zellen werden groß, wässrig und damit anfällig für Pilze.

Fruchtwechsel und Mischkultur-Tipps helfen, Krankheiten zu verhindern. Beispielsweise soll Kohl erst nach drei bis vier Jahren wieder am gleichen Standort angebaut werden, sonst besteht die Gefahr, dass die Kohlhernie übertragen wird. Aufpassen heißt es hier aber auch bei der Gründüngung: Senf, als Kreuzblütler, darf nicht als Nachfrucht bei Kohl angepflanzt werden. Auch Senf wird häufig von der Kohlhernie befallen.

Mehltau – ganz einfach abwaschen

Das wird wohl die meisten überraschen, aber neueste Versuche haben es gezeigt: Mehltau, wie er zum Beispiel bei Phlox häufig auftritt, kann abgewaschen werden. Wenn es erste Anzeichen dieser Erkrankung gibt, mit Gartenschlauch und Gießbrause die Blätter absprühen. Der Mehltau kann damit deutlich zurückgedrängt werden.

Rosen ohne Blätter – und das schon im August

Es gehört leider zum alljährlichen traurigen Bild: Nach einer wunderschönen Rosenblüte im Juni treten im August plötzlich Sternrußtau und Rosenrost auf. Biologisch können diese beiden Krankheiten nur vorbeugend bekämpft werden: durch richtigen Standort, ausgewogene Düngung und korrekten (luftigen und eher starken) Rückschnitt. Außerdem durch ein penibel genaues Entfernen von alten Rosenblättern im Herbst. Also keine Krankheit für die „intelligenten Faulenzer".

Wer sich jedoch einmal diese Mühe macht und anschließend noch mit frischem Rindenhumus mulcht, wird plötzlich wieder eine zweite Rosenblüte erleben.

Intelligente Kombinationsmöglichkeiten für den Gemüsegarten

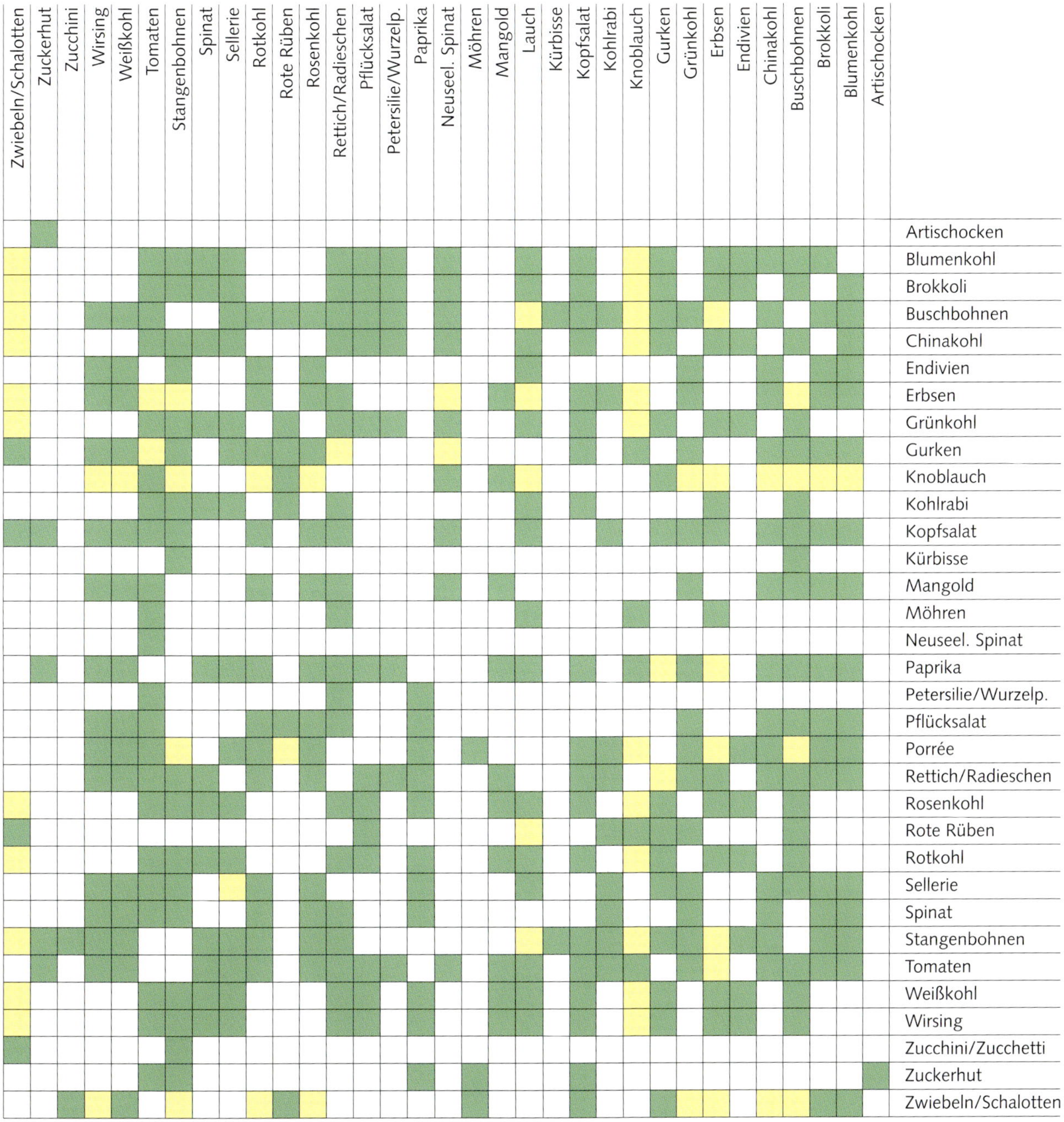

ungünstig — neutral — günstig für Nachbarschaftskulturen

Intelligent durchs Gartenjahr

Tipps und Tricks, wie man bequem durch 365 Tage kommt

Wer rechtzeitig handelt, kann sich beim „Garteln" viel Mühe sparen. Vieles, was zeitgerecht erledigt wird, ist halb so aufwendig. Dennoch gibt es immer wieder Tage, wo man Power „zum Bäume ausreißen" hat. Der Kalender zeigt von März bis November drei der unbedingt notwendigen Arbeiten auf. Im Dezember, Januar und Februar ist praktisch nichts zu tun. Dazu gibt es aber viele Tipps für alle, die mehr erledigen wollen.

Bequem durch den Januar

Jetzt ist die Zeit zum Träumen und Schmökern. Gartenbücher geben den Stoff dafür. Dennoch: Wer glaubt, im Januar könnte man im Garten nichts tun, hat weit gefehlt. Gewiss: Die Arbeiten drängen nicht so wie im März oder April. Aber wer jetzt plant, gut vorbereitet und kontrolliert, erspart sich später Mühe und Ärger.

Tipps zum Aussäen

- Machen Sie bei älterem Saatgut die Keimprobe: legen Sie 10 Körner in einen Blumentopfuntersetzer zwischen zwei Lagen feuchtes Haushaltspapier und stellen Sie ihn an einen warmen, schattigen Platz. Geht nur die Hälfte auf, müssen Sie den Samen dicht säen, keimt weniger, sollten Sie neuen Samen kaufen.
- Man glaubt es nicht, aber bei frostfreiem Wetter können frühe Sorten von Kohl, Kohlrabi und Karotten ausgesät werden.

Tipps zur Pflege

- Immergrüne Laubgehölze bei frostfreiem Wetter und trockenem Boden gründlich wässern. Frisch gepflanzte Rhododendren bei Bodenfrost vor Sonne schützen.
- Gegen Weiße Fliege an Zimmerpflanzen Gelbtafeln aufhängen.
- Von Schildläusen befallene Kübelpflanzen (Oleander) mit Paraffinölpräparaten behandeln.

Tipps zur Ernte

- Kohl, Rosenkohl, Feldsalat und Winterpostelein im Freien bei frostfreiem Wetter ernten.

Bequem durch den Februar

Es ist die Zeit, wo die Tage wieder länger werden. An manchen Sonnentagen spürt man schon das Frühjahr. Aber dennoch kommen die Bequemen in diesem Monat noch voll auf ihre Rechnung. Denn beim „Garteln" ist noch nichts unbedingt notwendig.

Tipps zum Aussäen

Auf der Fensterbank sollten Sie bis gegen Ende des Monats mit dem Aussäen warten. Zu früh gekeimte Sämlinge entwickeln sich aufgrund des geringen Lichtangebots nur schwächlich. Dann können Sie Kohl, Begonien, Petunien und Männertreu aussäen. Gleiches gilt für die Anzuchtbox im Gewächshaus. Knollenbegonien in Töpfe oder Schalen mit feuchter, humoser Erde legen und warm aufstellen.

Tipps zum Pflanzen

- Für Obstbäume beginnt in Gegenden mit mildem Klima jetzt die Pflanzzeit.
- Auch Wild- und Ziergehölze können bei frostfreiem Boden gepflanzt werden.
- Zimmerpflanzen jetzt umtopfen, zurückschneiden und mit der Düngung beginnen.

Tipps zur Pflege

- Bei frostfreiem Wetter mit dem Obstbaumschnitt beginnen. Kleingarten- und Obstbauvereine veranstalten zu dieser Jahreszeit auch Schnittkurse. Nichts falsch machen kann, wer auslichtet: trockene und nach innen wachsende Triebe sowie bei miteinander konkurrierenden Trieben den jeweils schwächeren herausschneiden.
- Lassen Sie Schnittgut zum Knabbern und Ablenken für Rehe und Hasen liegen.
- Schnittgut von Bäumen und Sträuchern kann ungehäckselt als Unterlage für einen neuen Komposthaufen dienen. Totholzhaufen am Rand des Gartens als Vogelnisthilfe und Unterschlupf für andere Kleintiere aufschichten.

Bequem durch den März

In diesem Monat beginnt die Gartensaison. Allerdings hängt es auch jetzt vom Wetter und vom Klima des jeweiligen Landstrichs ab, welche Arbeiten schon durchgeführt werden können.

Intelligent, wenn Sie diese 3 Tipps jetzt befolgen:

- Obst und Ziergehölze werden jetzt gepflanzt. Vor dem Setzen die Wurzeln für einige Stunden in Wasser stellen.
- Den Obstbaumschnitt sollten Sie rechtzeitig vor dem Blattaustrieb beenden. Pfirsichbäume schneidet man am besten während der Blüte. So erkennen Sie leichter, welche Triebe Früchte tragen.
- Zimmerpflanzen sollten nun umgepflanzt werden. Nehmen Sie qualitativ hochwertige Erde.

Tipps zum Aussäen

- Der Boden ist oft noch gefroren oder kalt und nass. Wer ihn im Herbst bedeckt hat, wird die wohltuende Wirkung einer Mulchdecke zu schätzen wissen. Lassen Sie diese Bedeckung liegen, bis Sie die Beete für neue Aussaaten herrichten wollen. Auch Vlies, das jetzt aufgelegt wird, fördert die Erwärmung des Bodens.
- Auf der Fensterbank können jetzt Auberginen, Paprika, Melonen und Tomaten ausgesät werden.
- Im Freien beginnt die Aussaat von Mangold, Karotten, Palerbsen, Porree, Petersilie, Rettich, Sellerie, Spinat und Zwiebeln.
- Von Winterlingen nach der Blüte Samen abnehmen und an geschützten Stellen unter Gehölzen aussäen.

Tipps zum Pflanzen

- Schneeglöckchen und Frühlingsknotenblume während der Blüte (!) ausgraben und die Horste teilen.
- Stauden sollten Sie erst pflanzen, wenn der Boden genügend abgetrocknet ist und sich erwärmt hat.

Tipps zur Pflege

- Für die Kübelpflanzen ist jetzt ein günstiger Zeitpunkt zum Schneiden gekommen. Achten Sie auch auf Schildläuse. Mit Schmierseife können Sie sie leicht abwaschen. Anschließend mit Sommeröl einsprühen.
- Ihre Zimmerpflanzen sind für eine organische Flüssigdüngung, zum Beispiel mit Guano, dankbar.
- Bevor Sie draußen mit der Bestellung der Beete beginnen, sollten Sie Ihren Garten einmal gründlich auf Schnecken absuchen. Vor allem unter Brettern und Steinen werden Sie fündig.
- Hartnäckige Wurzelunkräuter so gut es geht ausgraben. Anschließend säen Sie *Phacelia*, eine Gründüngungspflanze, die mit ihren kräftigen Wurzeln dem Unkraut Konkurrenz macht, hübsch blauviolett blüht und eine gute Nahrungspflanze für Honigbienen ist.
- Vliese schützen die jungen Saaten auf den Gartenbeeten vor Kälte und lassen, im Gegensatz zu Folie, dennoch Luft durch. Decken Sie sie locker oder mit Hilfe von Drahtbügeln und Lattengestellen als Tunnel über die Beete. Rundum am Rand gut eingegraben, schützen sie auch vor Schnecken.

Bequem durch den April

Die Hauptsaat- und Pflanzzeit ist gekommen. Ausgenommen sind frostempfindliche Gemüsearten sowie Stauden, die jetzt oder in den nächsten Wochen blühen.

Intelligent, wenn Sie diese 3 Tipps jetzt befolgen:

- Dahlien und Gladiolen werden gegen Ende des Monats gesetzt.
- Bei Tulpen und Narzissen die verwelkten Blüten abschneiden, das stärkt die Zwiebeln für das nächste Jahr. Niemals die grünen Blätter abschneiden.
- Garten auf Schnecken absuchen.

Tipps zum Aussäen

- Auf der Fensterbank werden Auberginen, Gurken, Kürbis, Melonen, Paprika und zu Beginn des Monats noch Tomaten ausgesät.
- Im Freien werden Dill, Erbsen, Kohl, Kohlrabi, Salate, Mangold, Grüne und Rote Melde, Karotten, Petersilie, Rettich, Rote Rüben, Schwarzwurzeln, Sellerie, Zucchini und Zwiebeln gepflanzt.
- Auch Sommerblumen wie Kalifornischer Mohn, Jungfer im Grünen, Ringelblumen, Sonnenblumen und Tagetes müssen jetzt ausgesät werden.

Tipps zum Pflanzen

- Kräuter, die in kleinen Töpfen jetzt zum Kauf angeboten werden, können Sie jetzt setzen. Achten Sie aber auf Nachtfrost.

Tipps zur Pflege

- Frühjahrsblühende Sträucher wie Kornelkirsche und Forsythie sofort nach der Blüte auslichten.
- Pfirsich während der Blüte schneiden.

Bequem durch den Mai

Die Eisheiligen sind in diesem Monat ein wichtiger Termin. An diesen Tagen um Mitte Mai sind manchmal noch Nachtfröste zu erwarten. Erst wenn es danach wieder beständig wärmer wird, können auch die frostempfindlichen Gemüsearten und Kübelpflanzen ins Freie kommen.

Intelligent, wenn Sie diese 3 Tipps jetzt befolgen:

- Rasen alle ein bis zwei Wochen mähen oder eine Blumenwiese anlegen.
- Die Erde zwischen den Pflanzen ab jetzt immer wieder dick mit Mulch (z.B. Rasenschnitt) bedecken. Das verhindert lästigen Unkrautwuchs und hält sie feucht.
- Kübelpflanzen spätestens jetzt ins Freie stellen. Abgetrockene Äste abschneiden und in Form bringen. Gegebenenfalls umtopfen oder Oberfläche im Topf lockern und mit einer dünnen Schicht Kompost bedecken. Sonst mit organischem Flüssigdünger düngen.

Tipps zum Aussäen

- Nun können Bohnen, Gurken oder Zucchini ausgesät werden. Wenn Nachtfröste drohen, decken Sie die jungen Pflänzchen mit Vlies ab.
- Mit der Aussaat von einjährigen Sommerblumen aller Art sollten Sie jetzt nicht mehr zögern.
- Auch für die Einsaat von Rasen und Blumenwiese ist jetzt der günstigste Zeitpunkt gekommen.
- Den Boden zwischen den Saatreihen lockern und eine dünne Mulchschicht auf den gelockerten und feuchten Boden ausbringen.
- In diesem Monat beginnt auch das Unkraut wieder kräftig zu wachsen. Da fällt beim Jäten viel Material für den Kompost an.

Tipps zum Pflanzen

- In Töpfen vorgezogene Bohnen, Gurken, Tomaten, Zucchini, Paprika und Zuckermais werden ausgepflanzt.
- Außerdem kommen Kartoffeln und Steckzwiebeln in die Erde.
- Spätestens nach den Eisheiligen beginnt die Balkonsaison.
- Auch für alle Wasser- und Sumpfpflanzen ist jetzt die beste Pflanzzeit. Lassen Sie einen neu angelegten Teich zur Hälfte voll Wasser laufen und warten Sie ein bis zwei Wochen lang, bis sich das Wasser erwärmt hat.
- Stauden im Container können jetzt jederzeit gepflanzt werden.

Tipps zur Pflege

- Kartoffeln, Erbsen und Buschbohnen rechtzeitig anhäufeln. Karotten, Rettich und Radieschen vereinzeln.
- Die Erdbeeren blühen und setzen bald Früchte an: mit Stroh unterlegen, um die Früchte vor feuchter Erde zu schützen.
- Rosen auf Blattläuse und eventuell andere Schädlinge absuchen und gegebenenfalls manuell entfernen. Wirksam sind auch biologische Spritzmittel, die die Nützlinge schonen.

Tipps zur Ernte

- Bereiten Sie aus den zarten Blättern von Löwenzahn, Brennnessel, Sauerampfer, Giersch und Vogelmiere Salat zu.

Bequem durch den Juni

Jetzt beginnt die schönste Zeit im Garten. Genießen Sie Ihr grünes Paradies. Wer zwischendurch immer wieder ein wenig „gartelt“ hat weniger Mühe, den Garten in Ordnung zu halten.

Intelligent, wenn Sie diese 3 Tipps jetzt befolgen:

- Blumenwiese mähen, wenn sich der größte Teil der Wiesenblumen ausgesamt hat. Mähgut antrocknen lassen und dann abräumen.
- Hecke nach der Sommersonnenwende schneiden, sofern keine Vögel mehr darin brüten.
- Viele Zimmerpflanzen fühlen sich den Sommer über im Freien wohler als im Haus.

Tipps zum Aussäen

Buschbohnen, Dill, Erbsen, Petersilie, Radieschen, Rettich, Rote Rüben, Gurken, Kohlrabi, Kopfsalat, Kresse, Kürbis, Mangold und Stangenbohnen werden jetzt ausgesät. Damit alles gut wächst, sollte der Boden immer gut gemulcht werden. Das hält die Erde feucht und das Unkraut zurück.

Tipps zum Pflanzen

Karfiol, Brokkoli, Grünkohl, Rotkohl, Kraut, Endivien, Kohlrabi, Kürbis, Salate, Zucchini, Sommerblumen, Containerstauden und alle Wasserpflanzen werden jetzt gesetzt.

Tipps zur Pflege

- Johannisbeeren und Stachelbeeren sofort nach der Ernte schneiden.
- Rosen sind jetzt in schönster Blüte, danach haben sie eine Stärkung in Form von organischem Dünger verdient.

Bequem durch den Juli

Der Beginn der Ferienzeit macht den Garten attraktiv für Groß und Klein: Hinaus ins Freie, heißt jetzt wieder die Devise. Wer bis jetzt schon intelligent den Garten gepflegt hat, wird das nun spüren. Es ist viel weniger zu tun als in anderen Gärten.

Intelligent, wenn Sie diese 3 Tipps jetzt befolgen:

- Verblühte Rosen über einem voll ausgebildetem Blatt abschneiden. Voll ausgebildet ist ein Rosenblatt, wenn es aus fünf Einzelblättern besteht.
- Algenwatten aus dem Teich fischen. Bei starkem Algenbefall ein Bündel Gerstenstroh in das Wasser legen. Das Stroh bindet den Stickstoff im Wasser, der zu Algenwachstum führt.
- Wenn Sie gießen, dann nicht jeden Tag ein wenig, sondern einmal pro Woche durchdringend: Das bedeutet mindestens 10 – 20 Liter Wasser pro Quadratmeter. Tief wurzelnde Pflanzen, wie Obstbäume, Sträucher oder Rosen nur nach wochenlanger Trockenheit gießen.

Tipps zum Aussäen

Auf Beete im Gemüsegarten, die nicht genutzt werden, sollten Sie Gründüngung säen. Jetzt ist die ideale Zeit dafür. Ölrettich, Inkarnatklee, Perserklee, Weißer Steinklee und Gelbsenf bedecken den Boden, halten ihn feucht und lockern ihn.

Tipps zum Pflanzen

Gleich nach der Blüte ist die beste Zeit, Iris auszugraben und die stärksten Teilstücke neu zu pflanzen.

Tipps zur Pflege

- Boden lockern, jäten, mulchen und nur bei Bedarf gießen.
- Tomaten ausgeizen, das heißt: alle Seitentriebe ausbrechen.
- Sommerschnitt an Obstgehölzen vornehmen.

Bequem durch den August

Im heißesten Monat werden wir mit reicher Ernte belohnt. Darüber hinaus können wir in diesen Tagen den Garten als „grünes Wohnzimmer“ von früh bis spät genießen: Frühstück auf der Terrasse, Mittagessen im Schatten eines Baumes und das abendliche Grillfest am Rasen.

Intelligent, wenn Sie diese 3 Tipps jetzt befolgen:

- Je heißer es ist, desto weniger oft sollte der Rasen gemäht werden. Kurz gemähtes Gras verbrennt leicht.
- Vergessen Sie nicht auf das Mulchen: Das spart viel Mühe, denn Gießen und Unkrautjäten können Sie damit vergessen.
- Gegen Ende des Monats nicht mehr Düngen, die Pflanzen müssen sich allmählich auf den Herbst einstellen.

Tipps zum Aussäen

Säen Sie nur in feuchtem Boden aus und sorgen Sie dafür, dass die Samen gut vom Erdreich umschlossen sind. Die Beete bis zum Auflaufen der Saat nicht austrocknen lassen!

- Jetzt können Sie noch Feldsalat, Kerbel, Petersilie, Porree, Winterpostelein, Radicchio, Radieschen und Rettich, Spinat und Zwiebeln, etwa die Weiße Frühlingszwiebel, aussäen.

Tipps zum Pflanzen

Erdbeeren, Chinakohl, Endivien, Kohl, Kohlrabi, Knoblauch, Porree, Winterkopfsalat, Kaiserkronen, Madonnenlilien, Steppenkerzen, Zweijahrsblumen, Nadelgehölze und immergrüne Laubgehölze.

Tipps zur Pflege

- Magermilchauszug gegen Krautfäule über Tomaten sprühen.
- Sauerkirschen nach der Ernte schneiden.

Bequem durch den September

Die Arbeiten fallen in diesem Monat regional unterschiedlich aus. Während in Gebieten mit mildem Klima noch einiges an Gemüse geerntet und sogar gesät werden kann, bereiten sich die Gärtner in Gegenden mit früh eintretenden Nachtfrösten allmählich auf den Winter vor.

Intelligent, wenn Sie diese 3 Tipps jetzt befolgen:

- Ein Apfel ist pflückreif, wenn er sich unter leichtem Drehen vom Trieb lösen lässt. Äpfel, die gelagert werden sollen, mit den Händen oder mit dem Apfelpflücker vorsichtig vom Baum pflücken.
- Blumenzwiebeln: Kaufen Sie so früh wie möglich ein und achten Sie auf eine unversehrte Schale der einzelnen Zwiebeln. Je früher Sie pflanzen, umso besser.
- Ab jetzt vorsicht mit dem Mulchen in einem schneckenreichen Garten. Die Schnecken finden dort Unterschlupf und legen ihre Eier ab. In diesem Fall ist eine Gründüngungssaat (z.B. Senf) besser.

Tipps zum Aussäen

- Voraussetzung dafür, dass sich Saaten auch in diesem Monat noch lohnen, ist eine durchgehende Besonnung der Beete und gleichbleibende Bodenfeuchtigkeit. Andernfalls entwickeln sich Salate und Wintergemüse nur mäßig oder gehen wie Feldsalat im nächsten Frühjahr schnell in Blüte.
- Auf Beete, die im nächsten Frühjahr mit Starkzehrern (z. B. Kohlgewächsen) bebaut werden, sollten Sie jetzt halbreifen Kompost oder Mist streuen. Anschließend wird das Beet mit Mulchmaterialien abgedeckt.

Tipps zur Ernte

- Lassen Sie Holunder richtig ausreifen, bevor Sie die schwarzen Beeren ernten.

Tipps zum Pflanzen

- Immergrüne Laub- und Nadelgehölze sollten jetzt umgepflanzt werden.
- Himbeersträucher pflanzen.
- Zweijahrsblumen an endgültigen Platz pflanzen.

Tipps zur Pflege

- Bretter zwischen den Beeten auslegen und darunter befindliche Schnecken sowie deren Eier täglich absammeln.
- Leimringe gegen Frostspannerweibchen um Obstbaumstämme legen.
- Samen von Sommerblumen ernten, z.B. Jungfer im Grünen, Löwenmäulchen, Ringelblumen, Malven und andere.
- Brombeeren schneiden.
- Je nach Artenzusammensetzung die Blumenwiese noch einmal mähen und Mähgut abräumen.
- Kübelpflanzen nicht mehr düngen und weniger gießen, damit die Triebe ausreifen können.
- Zimmerpflanzen wieder ins Haus holen.

Bequem durch den Oktober

Über Erntefreuden freut sich der „intelligente Faule" in diesem Monat. Aber es ist auch Pflanzsaison, und die ersten Vorkehrungen für den bevorstehenden Winter müssen getroffen werden.

Intelligent, wenn Sie diese 3 Tipps jetzt befolgen:

- Umgraben muss nicht heißen, das Bodenleben auf den Kopf zu stellen. Drehen Sie die aufgenommenen Schollen nicht um, sondern werfen Sie sie einfach in die Grabfurche. So bleibt der Bodenaufbau erhalten.
- Die Grabgabel wird nur in den Boden gestochen und hin- und herbewegt. So wird der Boden ebenfalls tief gelockert, jedoch nicht gewendet.
- Nicht um jeden Preis Herbstputz im Garten veranstalten. Die trockenen Stängel mancher Stauden sowie viele Staudengräser sind in ihren Herbstfarben oder mit Raureif und Schnee bedeckt eine Zierde für den winterlichen Garten.

Ernten

- Äpfel und Birnen vorsichtig pflükken und im kühlen Keller in Kisten oder auf speziellen Regalen lagern.
- Außerdem Zwetschen, zweimaltragende Himbeeren und Monatserdbeeren ernten.
- Die letzten roten Tomaten werden sofort verbraucht, die grünen können im Haus nachreifen.

Tipps zum Pflanzen

- Bäume und Sträucher werden jetzt gesetzt.
- Im Frühjahr blühende Stauden, Steingartengewächse, Staudenkräuter und die zweijährigen Sommerblumen kommen auf den endgültigen Platz.

Tipps zur Pflege

- Lassen Sie die Gründüngung abfrieren. Das hat viele Vorteile: Die im Boden verbleibenden Wurzeln halten den Boden locker; die abgestorbenen Blattreste unterdrücken das Unkraut bis weit ins nächste Frühjahr hinein.
- Hügel-, Hoch- und Wabenbeete sind abgewandelte Formen des Komposts, auf denen Sie im nächsten Frühjahr Gemüse anbauen können. Haben Sie genügend Schnittholz und Gartenabfälle gesammelt, sollten Sie ein solches Beet jetzt anlegen und abschließend mit einer schützenden Mulchschicht abdecken.
- Dahlien sind nach dem ersten Frost kaputt. Triebe handbreit über dem Boden abschneiden und Knollen so ausgraben, dass sie nicht beschädigt werden. In einem kühlen Keller lagern.
- An Obstbäumen hängende oder am Boden liegende Fruchtmumien absammeln und kompostieren.
- Falls nicht im September geschehen: Leimringe gegen Frostspannerweibchen um Obstbäume legen.
- Nistkästen kontrollieren und mit heißem Wasser reinigen.

Bequem durch den November

Bunte Blätter an den Bäumen und oft tagelang dicker Nebel, das ist sehr oft das Gesicht des Monats. Der November bringt noch einmal viel zu tun und einiges zu ernten.

Intelligent, wenn Sie diese 3 Tipps jetzt befolgen:

- Fegen Sie das Herbstlaub auf Wegen, Terrasse und Rasen zusammen. Unter Gehölzen lassen Sie es liegen.
- Rosen anhäufeln und mit Reisig abdecken.
- Rhododendren und andere immergrüne Sträucher und Bäume wässern.

Tipps zur Ernte

- Feldsalat, Knollensellerie, Karotten, Porree, Rettich und Petersilie bringen noch einmal frische Vitamine aus dem Garten.

Tipps zum Pflanzen

- Obstbäume, Beerenobst, Laubgehölze, Rosen und Blumenzwiebeln können noch gepflanzt werden, solange der Boden nicht gefroren ist.
- Schnittlauch ausgraben und im Freien liegen lassen, bis Wurzelballen durchgefroren sind. Dann in Blumentöpfe setzen und auf die Fensterbank stellen.

Tipps zur Pflege

- Schichten Sie das Herbstlaub locker in einer Kompostbox oder frei auf. Dabei gut befeuchten, Kompoststarter oder Hornmehl mit untermischen.
- Laubkompost vom vorigen Jahr dünn über das Laub unter Gehölzen streuen.
- Baumscheiben um Obstbäume lockern, mit Kompost bestreuen und mulchen.
- Garten nach Schneckeneiern absuchen.
- Hohe Ziergräser, wie z.B. das Pampasgras, zum Schutz vor Frost und zuviel Feuchtigkeit zusammenbinden.

Bequem durch den Dezember

Oft ist es im letzten Monat des Jahres noch so lange mild und trocken, dass alle noch nicht durchgeführten Arbeiten der letzten beiden Monate vollendet werden können. Spätestens ab Weihnachten ist der Dezember aber ein Monat, in dem wir Rückschau aufs vergangene Gartenjahr halten und Pläne für die Zukunft schmieden können.

Tipps zum Pflanzen

- Solange der Boden noch nicht gefroren ist: sommergrüne Laubgehölze pflanzen.

Tipps zur Pflege

- Am 4. Dezember (Barbaratag) Kirschzweige mit dicken Knospen schneiden und in eine Vase mit lauwarmem Wasser stellen. So können Sie sich in der Adventszeit an Kirschblüten erfreuen. Auch andere, im Frühjahr blühende Gehölze wie Forsythie und Kornelkirsche, können vorgetrieben werden.
- Verkahlte und vernachlässigte Hecken durch starken Rückschnitt zu dichterem Austrieb anregen, evtl. auf den Stock setzen, also handbreit über dem Boden abschneiden.
- Falls noch nicht geschehen: Kübelpflanzen vor anhaltenden Frostperioden ins Haus oder Gewächshaus holen. Ein Rückschnitt zu diesem Zeitpunkt hat nur praktische Gründe. Wenn möglich: nicht schneiden!
- Zimmerpflanzen so gut es geht vor trockener Heizungsluft bewahren, gelegentlich besprühen und bei mildem, schönem Wetter lüften.

Schnelle Information auf Mausklick

Das Internet erlebt einen Boom: Wer einmal in die „Fänge" des Netzes der Netze geraten ist, kommt schwer davon los, denn es ist wirklich faszinierend, was in diesem größten derzeit verfügbaren Wissensspeicher alles zu finden ist.

Was benötigt man?

Es ist einfach, ins www, ins World Wide Web, einzusteigen und darin herumzusurfen: Ein PC (Pentium® mit zumindest 64 Megabyte RAM Arbeitsspeicher und einer Grafikkarte) mit Modem und Telefonanschluss sowie die Anmeldung bei einem Internet-Provider genügen und schon kann die Weltreise beginnen.

Der Start bringt Überraschungen

Ich erinnere mich noch an meine erste Tour durchs Internet vor vier Jahren: Als Kamelien-Liebhaber gab ich in einer der internationalen Suchmaschinen das Wort „Camellia" ein und bekam gleich eine Liste mit einigen tausend Links zu Seiten, die dieses Wort enthielten. Eine davon war eine „Camellia-Society" mit tatsächlich fundierten und übersichtlichen Angaben. Allerdings: Die Blütezeit wurde immer mit Mai bis Juli angegeben …
Erst nach einiger Zeit bemerkte ich, dass ich im „globalen Dorf" zufällig auf einer australischen Seite gelandet bin, und dort beginnt der Winter bekanntlich im Juni und damit auch die Kamelien-Blüte zu einer anderen Zeit.

Die interessantesten Links

Die Homepage des Autors:

http://www.biogaertner.at

Auf dieser Seite gibt es viele aktuelle Tipps, Bilder aus seinem Garten so wie die Möglichkeit, Fragen persönlich an den Autor zu richten.

Organisationen/Vereine:

Österreichische Gartenbaugesellschaft
http://www.garten.or.at

Deutsche Gartenbaugesellschaft
http://www.dgg1822.de

Die Königlich Botanische Gesellschaft von England
http://www.rhs.org.uk/

Links zu Gartensendungen:

Querbeet
– Gartensendung des Bayerischen Fernsehen
http://www.br-online.de/freizeit/querbeet/

Haus und Garten
– Gartensendung des WDR
http://www.wdr.de/tv/service/heim/

Zeitschriften:

Gartenhaus
http://www.garten-haus.at

Gartenpraxis
http://www.gartenpraxis.de

Biogartenzeitschrift „kraut & rüben"
http://www.krautundrueben.de

Gartenzeitschrift „Flora"
http://www.flora.de/

Gartenzeitschrift „Mein schöner Garten"
http://www.mein-schoener-garten.de

Meine grüne Welt
http://www.meinegruenewelt.de

Pflanzen:

Staudengärtnerei und Baumschule
http://praskac.at/

Allgemeine Informationen über alle Baumschulprodukte
http://www.baumschulinfo.at/

Gut sortierte Staudengärtnerei
http://www.feldweber.com/

Hier erhält man alles, was das Rosenherz begehrt
http://www.rosenhof-schultheis.de/

Interessante Pflanzen, die nicht überall zu bekommen sind
http://www.staudengaissmayer.de/

Für Zitrus-Liebhaber ist ein Besuch ein Muss
http://members.aol.com/agrumivoss/citrus.htm

Allgemeine Tipps:

Gartenlink-Sammlung
http://www.gartenlinksammlung.de/

Die umfangreichste und beste Linksammlung zum Thema Garten: Von der Literatur bis zu den Pflanzen sind hier tausende Hinweise zu finden.

Verlag Eugen Ulmer
www.ulmer.de
www.offene-pforte.de

Österreichischer Agrarverlag
www.agrarverlag.at

Stichwortverzeichnis

Aktivhumus 60
Algen 23, 68, 70, 73, 151
Algenbremse 70
Ameise 139
Anemone 59
Aprikose 78, 81, 90
Arbeitskalender 144
Astern 59
Bach 72, 73
Bachlauf 72, 73, 74
Balkon 111, 114, 116 f, 119
Ballerina 90, 118
Basilikum 96, 117
Bäume 46, 119
Baumhäuser 107
Baumscheibe 90 f, 155
Baustoffe 19
Beerengarten 80
Beerensträucher 92
Beifuß 96
Beregnungsanlagen 74
Beton 22
Bewässerung 74, 116 f
Bienenfreund 15
Biologisch gärtnern 82
Biotop 135
Bitterling 72
Blattläuse 42, 48, 91, 134, 136 f, 149
Blaukissen 58
Blauregen 122
Blausternchen 62
Blumenrasen 46, 55 f
Blumenrohr 62
Blumentopf 110
Blumenwiese – Probleme 54
Blumenwiese 46, 52 f, 80, 149 f, 153
Blumenwiese aussäen 52, 55
Blumenwiesenmischungen 52
Blumenzwiebel 61, 153
Blütengehölze 47
Blütensträucher 21
Blutweiderich 28
Bodenbedeckung 38
Bodenleben 41
Bohnenkraut 96, 98
Bonsai 74
Boretsch 96, 98
Braunfäule 83
Brennnessel 98
Brombeere 92, 94
Brunnen 26, 74
Buschrose 98
Dachbegrünung 126
Dachgarten 128
Dach-Hauswurz 131
Dahlie 59, 62, 154
Deutzie 50
Dill 98
Drahtwurm 81, 139
Duftpelargonien 113
Duftwicke 125
Düngen 37, 38, 81, 83, 117
Eberesche 51
Efeu 122
Eisheilige 114, 149
Engerlinge 137
Englische Rosen 63
Erbsen 43, 88
Erdbeere 78, 149
Erdbeerstauden 92
Erde 112
Erde ohne Torf 112
Estragon 96
Feldsalat 88
Felsennelke 131
Fenchel 98
Fertigrasen 56
Feuerbohne 125
Flämmgerät 23
Flieder 50
Florfliegen 137
Frauenmantel 57
Frösche 68, 105
Frostschutz 116
Frostspanner 92
Gartenerde 112
Gartengerät 27
Gartengestaltung 19
Gartenkalender 144
Geißblatt 122
Gelbe Narzisse 58
Gelbfallen 139
Gelbsenf 15
Gelbtafeln 145
Gemswurz 58
Gemüse 78, 148, 150, 152
Gemüse am Balkon 110
Gemüsegarten 78 f, 81 f
Geranie 114
Gerstenstroh 70
Gestaltung 18
Gewächshaus 156
Giersch 16
Gießen 116
Gitterkörbe 137
Gladiole 59
Glockenblume 58
Grabgabel 41, 154
Grasschnitt 36, 39
Grauschimmel 140
Gründüngung 151
Grünes Dach 126
Gurken 42, 85, 88
Häcksler 37

Hagebutten . . . 63
Haselnuss . . . 51
Hausbaum . . . 26
Hausbegrünung . . . 112
Hecke . . . 26, 48, 156
Heckenschnitt . . . 85
Heidelbeeren . . . 80
Himbeere . . . 80, 92, 93
Hochbeet . . . 85, 86, 154
Holunder . . . 50, 52, 153
Hornmehl . . . 83
Hornspäne . . . 36, 52, 92, 117
Hügelbeete . . . 85 f, 154
Humus . . . 15
Hyazinthen . . . 61
Insekten . . . 106
Insektenwohnhäuser . . . 106
Internet-Links . . . 157
Japanischer Hopfen . . . 125
Johannisbeere . . . 57, 80, 92, 94, 150
Johanniskraut . . . 130
Kaiserkrone . . . 137
Kamille . . . 99
Kapuzinerkresse . . . 91, 96, 125
Kartoffel . . . 42, 43, 88, 139, 149
Katzen . . . 137
Keimprobe . . . 37, 145
Kerbel . . . 96, 99
„Kinder“garten . . . 19, 102
Kirschfruchtfliegenfalle . . . 139
Kleinklima . . . 17
Kletterhortensie . . . 122
Kletterpflanzen . . . 122
Kletterrose . . . 63, 122
Knoblauch . . . 92, 96, 99, 137
Knoblauchzehen . . . 43
Knöterich . . . 123
Kohlrabi . . . 82, 88
Kompost . . . 15 f, 34 f, 52, 62, 82 f, 93 f, 112 f
Komposterde . . . 37
Komposthaufen . . . 35, 84, 146
Kompostmaterial . . . 27
Kompostsilo . . . 34
Kompoststarter . . . 36
Kompostvlies . . . 36
Kopfsalat . . . 88
Krankheiten . . . 34, 81, 134, 140
Kraterbeete . . . 17
Kräuter . . . 95, 116, 148
Kräuter im Topf . . . 95
Kräuter im Zimmer . . . 96
Krautfäule . . . 152
Kresse . . . 37, 106
Krokus . . . 61 f, 114
Kübelpflanzen . . . 75, 117, 149, 153
Kübelpflanzen, winterhart . . . 74
Kunststofftopf . . . 110
Kürbis . . . 35, 37, 88
Langzeitdünger . . . 113, 117
Laub . . . 49, 155
Laubkompost . . . 155
Laufenten . . . 135
Laufkäfer . . . 49
Lavendel . . . 31, 96, 99
Leimring . . . 92, 153, 154
Libellen . . . 68
Links, Internet . . . 157
Lupine . . . 57, 58
Madonnenlilie . . . 58
Mais . . . 42
Majoran . . . 99
Margerite . . . 59
Marienkäfer . . . 137
Mauern . . . 26
Maulwürfe . . . 137
Maulwurfsgrille . . . 138
Meerrettich . . . 96
Mehltau . . . 95, 134, 140
Melisse . . . 98
Mischkultur . . . 42 f, 82, 140
Mischkulturtabelle . . . 141
Moderlieschen . . . 72
Möhren . . . 88
Monokultur . . . 42
Moorbeet . . . 112
Mulch . . . 149
Mulchdecke . . . 94
Mulchen . . . 16, 40
Mulchfolien . . . 39
Mulchmäher . . . 55
Mulchmaterial . . . 52
Mulchschicht . . . 38, 85
Narzisse . . . 52, 58, 61
Nelkenwurz . . . 58
Nistkästen . . . 154
Nützlinge . . . 48, 134
Obst . . . 78
Obstbäume . . . 49, 90, 118, 146, 154
Obstbäume im Topf . . . 117
Obstbäume pflanzen . . . 90
Obstbaumschnitt . . . 90, 147
Obstgarten . . . 80
Obstgehölze . . . 151
Ohrwurmhaus . . . 91, 136
Oleander . . . 74, 145
Ölrettich . . . 15
Oregano . . . 99
Palmen . . . 74
Paprika . . . 84
Perlschläuche . . . 74
Petersilie . . . 98
Pfefferminze . . . 96
Pfingstrosen . . . 57
Pfirsiche . . . 90
Phlox . . . 60
Planung . . . 18
Plastiktopf . . . 110
Plattenfugen . . . 46
Porree . . . 89
Primel . . . 58
Prunkwinde . . . 125
Pyrethrum . . . 137
Quecke . . . 16
Quellsteine . . . 72
Radieschen . . . 89
Rasen . . . 47, 52 f, 152
Rasenschnitt . . . 34, 82
Rasenteppich . . . 56
Regenwasser . . . 74
Regenwasserbehälter . . . 105
Regenwasser-Brunnen . . . 74

Regenwasserspeicher 74
Rhododendren . . . . 30 f, 112, 145, 155
Rindenhumus 39, 60, 128
Rindenmulch . . . 16, 39, 52, 60, 82, 94, 128
Rindermist 16, 36
Ringelblume 96, 99
Rittersporn . . . . 57, 59 f,
Rollrasen 56
Rosen . . . . 31, 42 f, 63 f, 150 f, 155
Rosen pflanzen 63
Rosen, Alte 63
Rosen düngen, ... 64
Rosen, kletternde 63
Rosen, Pflegeplan 64
Rosenkrankheiten 140
Rosenlaube 123
Rosenschnitt 65
Rost 140
Rotteschicht 39
Ruinengarten 46
Rutenkrankheit 93
Salbei 96, 99
Salweide 52
Sanddorn 48, 51
Sandkiste . . . . 102 f
Säulenobst 90
Sauzahn 41
Schädlinge 34, 42, 81, 96, 134
Schafgarbe 59
Scharfer Mauerpfeffer 130
Schildläuse 145
Schlehe 48, 50
Schleierkraut 59
Schmierseife 103, 136
Schnecken . . . . 40, 49, 81, 105, 135 f, 147 f, 153
Schneckenbarriere 86
Schneckeneier 155
Schneckenkorn 135f
Schneckenzaun 136
Schneeball 51
Schneeglöckchen . . . . 61 f, 147
Schnittlauch 95, 96, 98
Schwarzäugige Susanne 125
Schwimmpflanzen 71
Seerose 71
Sellerie 43
Silberdistel 131
Silbergras 131
Sissinghurst 123
Sitzplätze 17, 19
Solarmäher 55
Sommerblumen 61, 153
Sommerflieder 17
Sonnenblumen 15
Sonnenbraut 59
Sonnenröschen 130
Spielplätze 102
Spinat 89
Spinnweb-Hauswurz 30
Spitzmaus 138
Springbrunnen 25
Stachelbeere 92, 94
Stammanstrich 91
Standort 28
Stangenbohne 89
Staudenbeete 57, 60
Staudenhalter 60
Sternrußtau 64, 140
Stichling 72
Stockrose 59
Sträucher 22, 26, 46, 119
Studentenblumen 43
Sumpfbeet 29
Sumpfdotterblume 31
Sumpfiris 28
Tagetes 43
Taglilie 58
Teich 19, 23, 24, 68
Teich, befüllen 70
Teich, Tiere für den 72
Teichfolie 68, 70
Teichfolie, berechnen 69
Teichpflanzen 71
Teichrose 71
Teichvlies 70
Terrasse 111, 114
Thymian 96, 99, 130
Tomaten . . 43, 78, 81, 83f, 89, 96, 117, 147, 151
Tontopf 110
Topfgarten 110
Tränendes Herz 16, 58
Tulpen 61
Umgraben 41, 154
Unkraut 14, 23, 36, 38, 46, 60, 83, 147, 150, 152
Urgesteinsmehl 84
Urwaldecken 104
Vlies 147
Vogelbeere 52
Waldknoblauch 96
Waldrebe 123
Wasser 68, 116
Wasserspeicher 110, 116
Wege 14, 19, 22, 26
Weidenhäuser 104
Weigelie 50
Weißdorn 52
Weiße Fliege 139, 145
Wermut 96
Werre 138
Wilder Wein 124
Wildgehölze 47
Wildrose 51
Wildsträucher 21, 48
Wildsträucherhecke 30, 78
Winde 16
Winterjasmin 124
Wolfsmilch 57
Wühlmäuse 40, 86, 137
Wühlmausfallen 138
Wurzelunkraut 147
Ysop 96
Zaun 21
Ziergarten 46
Zimmerpflanzen . . . . 146 f, 153, 156
Zitrusbäume 74
Zucchini 89
Zuckermais 78, 89
Zwergglockenblume 131
Zwiebel 89
Zwiebelblumen 61, 114, 148

Bildquellen

Alle Bilder vom Autor, außer:

Albertoni Olinda: 103 unten

Albertoni Veronika: 27, 41 unten, 119, 146 links

Gunkel: 124 oben, 127 unten

Hauer: 72

Kleinod: 106 unten und 107 links

Neumayr: 9

Renatur, Ruhwinkel: 126, 128

Schubert: 156 links

Thinschmidt:
5 beide, 6 links, 7 beide, 8, 12/13, 14, 15 beide, 21 beide, 29, 30, 32/33, 39, 47 oben, 48, 55, 56 oben, 68, 71 oben, 73, 76/77, 86 links, 93, 97, 100/101, 102 beide, 104, 107 rechts, 110, 113, 114, 116, 120/121, 123 beide, 127 oben, 132/133, 134, 135, 144, 145, 150, 155

Ferramol® Schneckenkorn
NEUDORFF®
Umweltschonend gegen alle Nacktschnecken !
Ferramol® Schneckenkorn
● schont Igel und Haustiere
● mit einer Eisenverbindung als Wirkstoff, wie sie auch in der Natur vorkommt
● kein Ausschleimen
● extrem regenfest
Anwendung und Wirkung
Der Schneckenköder wird breitwürfig ausgelegt; auch bei Regen der ultimative Schnecken-Leckerbissen!
Die Schnecke frißt Ferramol® Schneckenkorn und reagiert mit sofortigem Fraßstop der Nutzpflanzen.
Die Schnecke zieht sich in ihr Versteck zurück und stirbt.
Bei nachkriechenden Schnecken nachstreuen.
Schont nützliche Gartengäste und Haustiere !
Haustiere wie z.B. Hunde, Katzen und andere freilebende Tiere werden geschont.
Der Igel frißt u.a. Schnecken, Raupen und Mäuse.
Der Regenwurm trägt u.a. zur Bereicherung der Humusschicht bei, unersetzlich im Ökosystem der Erde.

Ratgeber Garten –

Garten und Ärger passen eigentlich nicht zusammen. Garten soll Freude sein. Und das ist auch das eigentliche Ziel des Autors, der **Freude am Garten** zu ihrem Recht zu verhelfen. Er gibt einfache Ratschläge, wie kleinen Ärgernissen beizukommen ist, seien es Schnecken, Maulwürfe, kaputte Gartenzäune oder Pflanzen, die nicht so recht wachsen wollen. Und das alles auf die weise, abgeklärte und stressfreie Art. So ganz nebenbei wird man in Foersters Denkweise einbezogen, lernt Neues über Stauden, Zwiebelgewächse, Gräser, Farne und vieles Erfreuliche mehr.

Zum Autor:

K. Foerster gründete 1911 seine berühmte Staudengärtnerei in Berlin-Bornim, schuf auch den Berliner Staudengarten. Seine Bücher gelten als Klassiker der Gartenliteratur.

U. Peglow ist Gärtnermeister und führt eine Staudengärtnerei in Berlin.

Freude und Ärger im Garten. *Ein Lesebuch.*
K. Foerster, U. Peglow. 2001. 210 Seiten, 32 Farbfotos.
ISBN 3-8001-3185-4.

Sie fragen, wir antworten: Für die häufigsten Fragen von Hobbygärtnern hat unser aus Rundfunk und Fernsehen bekannter Autor E. Gugenhan die passenden Antworten parat, die er noch mit Tricks und Wissenswertem würzt. Mit diesem praktischen Ratgeber erhalten Sie eine **Fülle an Expertentipps**, wie Sie Ihre Pflanzen in Zier- und Nutzgarten, auf Balkon, Terrasse oder im Zimmer fachgerecht kultivieren, pflegen und dabei wirkungsvoll Pflanzenschädigungen begegnen.

Aus der Trickkiste:

- ✗ Gartenplanung und -pflege: Kulturmaßnahmen, Boden und Düngung, Technik
- ✗ Nutzgarten: Baum- und Beerenobst, Gemüse
- ✗ Ziergarten: Gehölze, Stauden, Rasen
- ✗ Balkon und Terrasse: Kübel- und Balkonpflanzen, Pflegehinweise
- ✗ Zimmerpflanzen: Blütenpflanzen, Grünpflanzen, Schnittblumen

777 Gartentipps. *E. Gugenhan. 2002. Ca. 608 Seiten, 80 schwarzweiß-Zeichnungen.*
ISBN 3-8001-4374-7.

für jeden das richtige!

Mit diesem Appell zu mehr Gelassenheit ist nicht gemeint, dass der Garten machen kann was er will. Vielmehr kommt es auf eine **gute Planung** an und auch auf das **Wissen**, wann man lenkend eingreifen sollte. Mit dieser Reduktion der Gartenarbeit auf ein Minimum wird der „faule" Gärtner sogar noch belohnt – mit mehr Zeit und Muße für seinen besonders stimmungsvollen Garten.

Aus dem Inhalt:
Mein Garten - ein Paradies. Mehr lassen als tun. Glückserlebnisse im Garten. Einen schönen Garten entwerfen. Der pflegeleichte Gemüsegarten. Köstliches Obst.

Zur Autorin:
P. Beucher lebt im Loire-Gebiet, ist Fachjournalistin im Bereich Hobbygarten und für Gartenzeitschriften und Rundfunk tätig. Sie ist Autorin mehrerer Gartenbücher, u.a. über Alte Rosen und Geranium.

Ein Garten für Faulpelze. *Gartenspaß mit wenig Mühe. P. Beucher. 2000. 320 Seiten, 240 Farbfotos.*
ISBN 3-8001-3158-7.

Dieses **umfassende Gartenbuch** beantwortet alle Fragen: Wie plane ich meinen Garten richtig? Wie wird der Boden vorbereitet? Wie funktioniert das mit dem Düngen, dem Mulchen, dem Kompost? Wie wird gepflanzt, gepflegt, geschnitten? Wie schütze ich Pflanzen vor Krankheiten? Wie lege ich einen Rasen, eine Blumenwiese, ein Blumenbeet an? Welche Kübelpflanzen für meine Terrasse? Wie lassen sich Pflanzen überwintern? ..... und 1000 Antworten mehr. Dazu: Die schönsten Pflanzen aller Art im Überblick.

Das zuverlässige Nachschlagewerk für jeden Gärtner.

Zum Autor:
W. Kawollek ist Technischer Leiter der Lehr- und Versuchsanlagen der Arbeitsgruppe Botanik der Gesamthochschule Kassel sowie Sachverständiger des Bundes bei der Erarbeitung der Verordnungen zur Meisterprüfung in gärtnerischen und landwirtschaftlichen Berufen.

Das Ulmer Gartenbuch. *W. Kawollek. 2001.*
720 Seiten, über 1.000 Farbabbildungen.
ISBN 3-8001-6684-4.